JN312258

English Synonymous Verbs in Sentence Structure

英語類義動詞の
構文事典

小野経男 [著]
Tsuneo Ono

大修館書店

編集者・執筆者

小野経男

編集協力者・校閲者

川村政好

協力者・資料提供者

出田秀二　伊藤佳貴　多賀直剛

まえがき

　同じような意味を表す動詞のグループを扱っている辞書は数多く出版されています。これら、いわゆる類義語辞典（thesaurus）を繙くと、一つの動詞に複数の類義語が列挙されていますが、文の中で類義語（synonym）が全く互換性のあるものかどうかということになると、問題が出てきます。厳密な語彙意味差はもとより、統語配列上の問題が出てきたり、どの動詞が文脈上妥当かという語用論的問題も出てきて、実践的側面を検討することが必要になります。また、何をもって類義と言うかという、類義関係（equivalence）も検討する必要もあり、その上に立って、動詞の意味差をチェックする、理論的側面も必要になります。

　私たちの作業は、一つには類義語辞典の細分化・精密化です。複数の類義語が全く同じように使われるとは限りません。意味領域が微妙に違っている場合もあるでしょう。話し相手が目上の人か、目下の人か、同僚かといった待遇関係が入り込む場合もあるでしょう。強調の置き所が違うという強調点（salience）の違いもあるでしょう。更には、基底にある構造（概念構造）そのものが違うということもあるでしょう。

　このような微妙な意味の違いを連語の関係から見てみます。隣にどのような語句がくるのか、動詞がくるのか、名詞が来るのか、節（名詞節、副詞節）がくるのか等々を調査します。伝統的な Hornby (*A Guide to Patterns and Usage in English*, 1975) による動詞パターンが参考になるでしょう。本書では、そればかりでなく、生成文法の新しい成果も盛り込みます。

　つぎに、特定の動詞に備わる「変形能力」です。類義語のうち、あるものは一つの変形操作を受けられるが、別のものは受けられないとかいう、変形できる潜在力です。ひとつの変形操作が普遍的ですべての動詞にかかりうるという考えは成立しません。動詞の性質によって成否の差が存在します。この研究の典型的な例は、Levin (*English Verb Classes and Alternations*, 1993) でしょう。彼女の言う alternation は私たちの言う変形操作に当たります。

英語動詞の持つ以上のような性質を明らかにして，はじめて，類義関係にある英語類義語間の差異が説明できます。これが成功すれば，学習上の効果は飛躍的に上昇します。例えば，start と begin は類義関係にありますが，連語関係が違います。start は off, up, out, back とはよく結びつきますが，これらの副詞は begin とは結びつきません。さらに，Dixon (1992) によれば，変形操作上も，両者に違いが出てきます。

(i)　Many people read that book. → That book reads well.
(ii)　Many people begin reading that book. → That book begins well.
(iii)　Many people start reading that book. → *That book starts well.
　　（注）＊印は非文

begin はその補文構造を吸収して，補文の動詞が中間動詞ならば，その性質を転化させて，begin 自らが中間動詞になりますが，start にはその機能がありません。このような差を認識しておけば，英語学習者は英語を駆使する上で大きなプラスになる筈です。私たちの狙いはこの点にあります。

　ここで，項構造（argument structure）について一言触れておきます。動詞はその意味から必ず必要とする項目があります。たとえば，love は外項（external argument）に当る主語と内項（internal argument）に当る目的語が必要です。したがって，2項述語と呼ばれています。give は主語以外に二重目的語を必要とします。したがって，3項述語と呼ばれています。項以外の修飾語は付加語と呼ばれていますが，一般には動詞が必要としないために，動詞構造内に取り入れていません。しかし，付加語がすべて必須要素ではないかというと，そうとも決められません。たとえば，enter が抽象的な関係に入ることを意味する「始める」の意味の時，enter into discussions/negotiations などと言いますが，into 以下が前置詞句だからといって，必須要素から外すわけにはいきません。動詞の意味から言って，「経路」，「結果」，「度量」などを度外視することはできません。本書では，名詞・形容詞を伴う項構造以外でも，それが無いと意味が成り立たない要素（実は厳密な意味での項構造要素）は積極的に取り上げます。（この種の観点は Culicover & Jackendoff, *Simpler Syntax*, 2005 に詳説。）

　では，類義語としてどのような英語動詞を列挙していけばよいのかという問題が出てきます。それについては，使用頻度を考え，語彙数を高校までの学習指導要領にある動詞，それを超える場合でも，LDOCE　第4版（*Longman Dictionary of Contemporary English*, 2003）における重要語3000語を超えないようにしました。その配列は学習者の便利を考え，実際の生活に即した環境範疇（例えば，「観

察」,「往来発着」,「所有」,「感覚」,「思考」,「発話」,「取得」など）を設定して，各範疇に類義動詞を組み入れました。このような生活・環境範疇からは探しにくいと思われる方は本の末尾の索引を見て，個々の動詞を探すこともできます。できるだけ多くの英語動詞をカバーしようと考えましたが，スペースの制限で取捨選択しなければならず，残りの英語動詞については，今後の課題としたいと存じます。

　本書をうまく利用・活用すれば，英語学習者の学習効果が上がることは明らかですが，同時に教える立場にある人にとっても自己研鑽になると思いますし，教育現場で例文を十分に活用することができるでしょう。更に，英語研究者にとっては，現在注目されている英語動詞語彙研究のための貴重なデータを提供してくれる筈です。いずれの分野でも，英語に興味を持っている人なら，必ず役に立つ本だと自負しています。例文はすべて英語母語話者の言語直感に基づくチェックを通したものばかりです。

　最後に，特記したいのは，以下の方々の多大な尽力です。それがなければ，本書は成立しなかったと思います。川村政好氏は原稿の細部まで根気よく吟味し，不注意なミスを正し，助言してくれました。また，岐阜県に勤務校を持つ ALT, Lisa Tolliday（英国人）と Tabitha Norgaard（米国人）に絶えず接触して，英語例文の妥当性をチェックしてくれました。文脈を知らない外国人に例文が使われる状況を知らせることは大変な苦労がいります。その大変な仕事を楽しくやってくださって，編著者の肩の重荷を軽くしてくれました。深く御礼申し上げます。出田秀二，伊藤佳貴，多賀直剛の諸氏は現場の教師という立場から，教師の視点と学生の視点を基に問題を指摘してくれました。適切な例文を英語発話現場から拾い出し，編著者を喜ばせました。その協力ぶりに深く感謝します。

　末筆になりましたが，大修館書店の飯塚利昭氏には感謝しても感謝しきれない思いでいます。編著者の我儘な願いを聞いてくださり，出版不況と言われる状況にも拘わらず，また多忙の中で，この本の出版を推進してくださいました。さらに，校正の段階で，藤田侊一郎氏には細部にいたるまで目を配って，編著者の不注意を指摘していただきました。お礼申し上げます。研究・教育・参考書分野では，恐らく最後になる本書が編著者にとって有終の美となることを願っています。

　　2007年春

小野 経男

目　次

まえがき ……………………………………………………………………… iii
本文の読み方 ………………………………………………………………… viii

1　観察関係　　　see, watch, notice, observe ………………………………3
2　発見関係　　　find, encounter, discover, spot ……………………………13
3　取得関係　　　get, gain, obtain, receive, take ……………………………21
4　所有関係　　　have, keep, own, possess …………………………………30
5　授与関係　　　give, present, exchange, hand, pass ………………………40
6　交換関係　　　change, revise, switch, trade, exchange …………………49
7　結果関係　　　become, fall, grow, get, develop …………………………56
8.1　発話関係(1)　say, speak, talk, tell ………………………………………68
8.2　発話関係(2)　name, call, nominate, appoint ……………………………77
8.3　発話関係(3)　cry, exclaim, scream, shout, yell …………………………84
9　質問・依頼関係　ask, question, inquire, request …………………………91
10　表示関係　　　show, reveal, exhibit, explain ……………………………98
11　継続関係　　　continue, last, remain, endure …………………………105
12　試行関係　　　try, attempt, experiment, challenge, aim ………………111
13　分離関係　　　part, break, divide, separate ……………………………118
14.1　往来発着関係(1)　begin, start, commence, initiate …………………126
14.2　往来発着関係(2)　stop, finish, end, cease, terminate ………………134
14.3　往来発着関係(3)　go, come, pass, move, approach …………………141
15　作成関係　　　make, build, form, produce, construct, create …………155
16　援助関係　　　help, serve, aid, assist, relieve …………………………164

17	労働関係	work, toil, labor, operate	172
18	位置関係	place, lay, deposit, put, set	179
19	感覚関係	feel, touch, perceive, experience	191
20	願望関係	want, wish, desire, hope, need	198
21.1	認識関係(1)	know, comprehend, understand, learn	206
21.2	認識関係(2)	love, adore, like, cherish	213
21.3	認識関係(3)	seem, look, appear, sound	218
22	思考関係	think, imagine, consider, suppose, guess	228

参考書目 ……………………………………………………………237
索引 …………………………………………………………………239

本文の読み方

　本書の各章の構成は次のようになっています。

A.　連語関係の差
　最初に「連語表」と「意味の概略相違表」を示して，個々の意味分野ごとの動詞群の全体像を頭に入れてから，連語関係の具体的な用例の説明に入っていきます。

　例えば，say と tell の例を挙げてみましょう。まず，「連語表」と「意味の概略相違表」を示します。

　連語表の 1. で「Ｖ」とのみあるのは，動詞だけで現れる自動詞であることを示します。ただし，自動詞でも，まえがきで述べたように，後に必須要素として前置詞句が現れる場合は，表の 9. で扱います。

　2. 以下の［　］は，節・句がそこに示されているような性格をもち，2 つある場合は両方の性格を持つことを示します。したがって，もし，名詞句について［補語］とある場合は，補語の役割をしているという意味です。

	say	speak	talk	tell
1.　V	○	○	○	○
2.　V＋節	○ ［that 節/wh-節］			○
3.　V＋不定詞句	○			
4.　V＋名詞句	○	○	○	○
5.　V＋名詞句＋名詞句				○

6．V＋名詞句＋節				○ [that 節/wh-節]
7．V＋名詞句＋不定詞句				○
8．V＋名詞句＋副詞/前置詞句			○ [into/out of]	○ [apart/from/off]
9．V＋副詞/前置詞句	○[for/out/to/up]		○ [down/over/with]	○ [of]

◇意味の概略相違表

V＼SF	発話/言語	提案	理解	噂	命令	演説	表情	執筆	説得	相談/会談
say	A	B	C	B	A	B	B	C	C	C
speak	A	C	C	B	C	A	A	B	B	B
talk	B	C	B	A	C	A	B	B	A	A
tell	C	A	A	B	A	B	B	A	A

1．意味分野毎に分類。
2．強さの度合いを A，B，C 順に。
3．分類に入らないものは－．
注：SF（Semantic Fields）＝意味分野，V＝動詞

　say も tell も〈V＋節〉のパターンで現れますが，意味が違ってきます。say は圧倒的に「発話」能力が強いですから，その言葉を発しているだけです。しかし，tell は「理解」の意味が強く，「発話」の意味は間接的です。
（１）I find it hard to *say* who is responsible for the accident.（その事故の責任はだれにあるのか言うのは難しい。）
（２）I can't *tell* which is yours and which is mine.（どっちがあなたので，どっちが私のか区別つきません。）
　say は直接，その後に不定詞句が来ます。それはアメリカ英語に多い，命令の内容を持った文です。tell にはそのような形はなく，必ず〈V＋名詞句＋不定詞句〉

のように，名詞句が入って，その後に不定詞句が続きます。それは tell が「命令」または「説得」する相手の人（間接目的語）を必要とするからです。そのような意味関係の継続で，〈V＋名詞句＋名詞句〉の2重目的語構文も tell のみの構文です。

（3） Dr. Ferris *said* to not let anybody in during an operation.（フェリス博士は手術中は誰もいれさせないようにと言った。）

注：not の位置については p.71 の例文（9）のコメント参照。

（4） The teacher *told* the pupils to raise their hands when they find the answer.（先生は生徒に答えが分ったら手を上げなさいと言った。）

（5） My uncle *told* me a story that I have never forgotten until now.（叔父は私が今まで決して忘れることのない話をしてくれた。）

B. 変形操作の差

　変形操作表：変形操作は難しく考えることはありません。各名称はその都度どういうものであるか説明しています。say と tell の入っているグループは以下のような変形にまとめています。

	say	speak	talk	tell
1. 重主語		○	○	
2. 2重目的語				○
3. 受動態	○	○		○

　さきほど，tell は2重目的語構文を取れるが，say にはできないと言いました。ところが，2重目的語構文と関連のある第3文型〈V＋名詞句＋to 名詞句〉は tell, say ともに取ることができます。

（6） He *said* good-bye to his children.（彼は子供にさよならと言った。）

（7） He *told* the story to his children.（彼は子供にその話をしてあげた。）

　しかし，（7）は2重目的語構文になれるのに，（6）はなれません。同じ前置詞句の to his children の性格が異なるのです。（7）の to his children は必須要素ですが，（6）の to his children はそうでないのです。その結果，話し相手を必須要素として持つ tell には story teller（物語の話し手）という語彙はありますが，そうでない say には goodbye sayer（さよならの言い手）という語彙はありません。（ただし，sayer だけで，古風な言い方で「詩人」の意味に使われることが稀

にあります。）

　次に，本文中に使用する記号類と参照辞書の略称について，説明します。

◇いろいろな記号・略記・注記等
　　（　）　省略可
　　／　　どちらか選択　　例：A/B　AでもBでも可能，ただし，同時生起は不可能
　　［　］　代替　　（日本語では文法機能語，英語では語句）
　　コメント　ALT＝Assistant Language Teacher（外国語指導助手―英語話者）による，主に例文の英語についてのコメント
　　注　　筆者の注記
　　Cf.　　参照先

◇参照辞書
　　CIDE＝*Cambridge International Dictionary of English*. 1995.（Cambridge Univ. Press）
　　LDELC＝*Longman Dictionary of English Language and Culture*. 1998.（Longman）
　　E-Dict＝*Collins COBUILD E-DICT* . 1998.
　　LLA＝*Longman Language Activator*. 1993.（Longman）
　　LDOCE4＝*Longman Dictionary of Contemporary English*. 2003.（Longman）
　　RWUD＝*Random House Webster's Unabridged Dictionary*. 2001.（Random House）
　　ジーニアス＝『ジーニアス英和辞典　第3版』　2001.（大修館書店）
　　新英和＝『新英和中辞典　第5版』　1985.（研究社）
　　ランダムハウス＝『ランダムハウス英和大辞典』　1994.（小学館）
　　リーダーズ＝『リーダーズ英和辞典　第2版』　1999.（研究社）
　　レクシス＝『レクシス英和辞典』　2003.（旺文社）

英語類義動詞の構文事典

1 観察関係

see, watch, notice, observe

共通意味:「観察する」

A. 連語関係の差

	see	watch	notice	observe
1. V	○	○	○	○
2. V＋節	○[that 節/wh-節]	○[that 節/wh-節]	○[that 節/wh-節]	○[that 節/wh-節]
3. V＋不定詞句	○	○		
4. V＋名詞句	○	○	○	○
5. V＋名詞句＋不定詞句	○[原形不定詞句]	○[原形不定詞句]	○[原形不定詞句/不定詞句]	○[原形不定詞句]
6. V＋名詞句＋V-ing 句	○	○	○	○
7. V＋名詞句＋形容詞句/過去分詞	○			
8. V＋名詞句＋副詞/前置詞句	○[as/off/out/through]			
9. V＋副詞/前置詞句	○ [about/around[round]/in/off/out/over/through/to]	○ [for/out/over]		

◇意味の概略相違表

V \ SF	動体視力	訪問/見舞	見送り	見物	観察	理解	予測/配慮	面倒	待機	警戒	論評
see	C	B	A	A	B	A	A	A	C	B	C
watch	A	A	C	A	A	C	A	B	C	A	―
notice	B	―	―	C	B	B	B	C	C	B	A
observe	A	―	―	C	A	B	B	C	B	B	A

1. 意味分野毎に分類。
2. 強さの度合いを A，B，C 順に。
3. 分類に入らないものは―．

注：SF（Semantic Fields）＝意味分野，V＝動詞

　人間の五感は基本的本能であるから，五感をもとに他のいろいろな文化・精神的な活動に発展する。いろいろな比喩的表現が生まれる要因である。

　同じ「観察する」でも，一番広く使われ，かつ多義的に用いられているのが see である。無意識に目に入ることから（see 対 look at），意識的に「観察する」ことまでを意味する。いずれも目を使うことが基本である。watch は動く対象を「注意して観察する」＝「見守る」場合で，例えば，車が向かってきて，「気をつけろ」は Watch out for the car. であり，See about the car. ではない。notice と observe の違いは『レクシス』に詳しいので，引用する。《notice＝注意を引かれて気づく。〈例〉notice his accent（彼のなまりに気づく）。observe＝注意して綿密に物［事柄，人］を見る。〈例〉observe his behavior（彼の行動を観察する）。》さらに付け加えれば，notice は知覚を通して何かに気づく場合で，人間の他の能力・機能も使って「観察する」observe とは微妙な意味の差がある。

1．V

see：自動詞としての see はしばしば助動詞 can を使って，目の機能，つまり視力を利用して，物が見えるかどうかを問題にする。進行形はない。

（1）　As far as the eye can *see*, there is no house on the hill.（見渡す限り，丘の上に家はない。）

watch

（2）　*Watch* carefully as he undergoes the operation.（彼が手術を受けるのを

注意深く見ていなさい。)

notice

（3） Her slip is showing, but she doesn't seem to *notice*.（彼女のスリップが見えているけど，彼女は気がついてないようだ。)

observe

（4） The teacher performed the model experiment, while the students *observed* carefully.（先生が実験のモデルをやって，学生が熱心に観察した。)

2．V＋節：具体的な人・事物が対象ではなく，抽象的な事柄を対象にするので，比喩的な意味合いとなる。

see ＋節 [that 節/wh-節]：「理解する」(understand)と殆ど同義である。進行形と受身形はできない。また，see to it that … 「～するように配慮する」に代って see that …が使われ，口語的である。例：See that the children can go home safely.（子供が無事帰宅できるように配慮しなさい。)

（5） I can't *see* that it matters what you do.（あなたがやることが問題になるとは思わない。)

（6） I'm not sure about my health condition. I'll *see* how I feel tomorrow.（私の健康状態に自信がありません。明日どういう状態か見てみましょう。)

watch ＋節 [that 節/wh-節]：「気をつける」の意味となる。

（7） *Watch* that you don't drive on the right, after you come back to Japan from abroad.（海外から日本に帰ってきて，車を右側通行しないように気をつけなさい。)

（8） Politicians should *watch* what they say in public.（政治家は公の発言に気をつけるべきである。)

notice＋節 [that 節/wh-節]

（9） He *noticed* that his driver's license was not valid any more.（彼は運転免許証がもはや有効でないことに気がついた。)

（10） Did you *notice* how the thief broke into the house?（泥棒がどのようにして家に侵入したか気がつきましたか。)

observe＋節 [that 節/wh-節]：watch や notice よりも堅苦しい用法。従って，that 節の that の省略もない。

（11） The teacher *observed* that all the students behaved themselves.（先生は学生がみんな行儀良いのに気づいた。)

(12) When you travel in foreign countries, you can *observe* how they behave differently according to their customs.（外国を旅行すると，人々がその風俗に従って異なる振る舞いをするのを観察できる。）

3．V＋不定詞句

see＋不定詞句［目的を表す副詞句］：1の自動詞の用法を参照。

(13) He has grown so old that he can't *see* to read small letters any more.（彼は歳を取りすぎたので，もはや小さな文字を読み取るほどに目が見えない。）

watch＋不定詞句［目的を表す副詞句］：これから起こることを見張るという意味で使われるので，to 不定詞句は未来事象を表し，watch は「見張る，用心する，待ち構える」の意味となる。

(14) I *watched* to see which side would win the game.（どちらが試合に勝つか見届けようと待ち構えていた。）

4．V＋名詞句

この連語関係は共通して見られる。ただし，冒頭の意味相違表と解説で説明されている通り，目的語の名詞句に see は「静止物」，watch は「可動物」を取るという違いに注意する必要がある。このことから，例えば，テレビなどの画面（動いている）を見るのは watch television で，個々の動きでなく，全体を鑑賞する意味で，映画を見るのは see the movies である。前者は進行形が可能で，後者はそれが不可能である。

see

(15) For more information about the book, *see* page 100.（この本の更なる情報は100ページを見てください。）

watch

(16) I *watched* the train until it went out of sight.（列車が視野から消えるまで列車を見ていた。）

notice

(17) I didn't even *notice* a new dress my wife was wearing.（私は家内が着ていた新しいドレスに気づくことさえしなかった。）

observe

(18) In high summer I used to go out and *observe* the stars in the evening.（真夏になると，私は夕方外に出て星を観察したものだ。）

5．V＋名詞句＋不定詞句
see＋名詞句＋原形不定詞句：原形不定詞句は出来事の全体をまとめて見るので，一こま一こまの連続した出来事ではない。

(19) I *saw* my son leave the house twenty minutes ago.（息子が20分前に家を出るのを見た。）

watch＋名詞句＋原形不定詞句

(20) Mom *watched* me cross the road, and then went into the house.（ママは私が路を横切るのを見てから，家に入った。）

notice＋名詞句＋原形不定詞句/不定詞句：不定詞句が続く場合は，「通知する」の意味となる。ただし，(22′)の that 節の方が一般的な使い方である。

(21) Did you *notice* anyone break into the house?（だれかが家に侵入したのに気づいたか。）

(22) They *noticed* me to pay my taxes before they are overdue.（納期期限が過ぎる前に，税金を払えと通知してきた。）

(22′) They *noticed* me that I should pay my taxes before they are overdue.

> コメント：『ジーニアス』には「主に米」とあって，notice がこの用法で使われるのはアメリカ英語としている。ところが，アメリカ人 ALT が知らないと言って，代わりに notify を使ったのを見ると，アメリカ英語でもそう一般的ではないようである。

observe＋名詞句＋原形不定詞句：(23′)のように that 節を取る構文の方が一般的である。

(23) The teacher *observed* a mother scold her child for breaking the window.（先生は一人の母親が子供を窓を破ったことで叱るのを観察した。）

(23′) The teacher *observed* that a mother scolded her child for breaking the window.

6．V＋名詞句＋V-ing 句
5と違って，動作が進行している様を描写している。従って，V-ing の V は非状態動詞が使われる。

see

(24) I *saw* him lifting a book in the bookstore.（彼が本屋で一冊の本を万引きしているところを見た。）

watch

(25) I *watched* the ballerina dancing on the stage.（バレリーナがステージで

踊っているのをじっと見ていた。)

notice
(26)　She *noticed* a young man staring at her in the train. (彼女は列車の中で若い男が自分を見つめているのに気がついた。)

observe
(27)　She *observed* someone following her in the darkness. (彼女はだれかが暗闇で自分のあとをつけているのに気がついた。)

7．V＋名詞句＋形容詞句/過去分詞
see＋名詞句＋過去分詞
(28)　I *saw* a tourist beaten by three gangsters. (一人の旅行者が三人のやくざに殴られるのを目撃した。)

8．V＋名詞句＋副詞/前置詞句：ここで言う副詞/前置詞句は場所や時間などを表す、いわゆる随意的な修飾語ではなく、この連語関係に必要な要素となるものである。この必要要素の副詞/前置詞句が伴うと、動詞の本来の意味がどう変化するかに注意する必要がある。

see＋名詞句＋as/off/out/through
(29)　I can't *see* him as a conductor. (彼が指揮者だと想像できない。)
(30)　All of us went to the station to *see* Bob off. (我々は皆でボブを見送りに駅へ行った。)
(31)　You don't have to *see* me out. I know the exit. (私を出口まで送る必要はないです。出口を知っていますから。)
(32)　Moonlighting will help *see* you through. (夜間のアルバイトで何とかやりくりできるでしょう。)

9．V＋副詞/前置詞句
see＋about/around [round]/in/off/out/over/through/to
(33)　I'll go home and *see* about lunch. (家に帰って、昼食の準備にかかりましょう。)
　　　　see about＝make arrangements for
(34)　Will you come and *see* around my house? (私の家の様子を見に来ませんか。)

see around＝visit and examine　注：イギリス語法である。

(35)　When the clock struck twelve, we all *saw* in the New Year.（時計が12時を打ったとき，私たちは皆で新年の始まりを祝った。）

　　　　see in＝celebrate

(36)　My dog *saw* off the stranger who tried to sell goods.（うちの犬が訪問販売しようとした見知らぬ人を追い払った。）

　　　　see off＝chase away

(37)　He *saw* out his last year at the prison.（彼は刑務所での最後の年を過ごし終えた。）

　　　　see out＝last until the end of

(38)　We *saw* over the house we wanted to rent out.（私たちが借りたいと思っていた家を視察した。）

　　　　see over＝investigate in order to decide

(39)　As my wife can *see* right through me, I can't tell her a lie.（家内は私を見通しなので，うそはつけない。）

　　　　see through＝recognize the truth about

(40)　I *see* to it that all my books are shelved in alphabetical order.（私の蔵書はすべてアルファベット順に棚に並べるようにしている。）

　　　　see to＝take care of

　　　　注：2.V＋節の see の項参照。

watch＋for/out/over

(41)　The cat was on the fence *watching* for birds.（猫が垣根に上にいて，鳥が出てくるのを待った。）

　　　　watch for＝look and wait for

(42)　When you jog in the field, you have to *watch* out (for) children playing there.（野原でジョギングをするとき，そこで遊んでいる子供たちに気をつけなさい。）

　　　　watch out＝take care

(43)　My mother used to *watch* over me swimming in the swimming pool.（母はプールで私が泳ぐのを見守ってくれたものだ。）

　　　　watch over＝guard and protect

B. 変形操作の差

	see	watch	notice	observe
1. as 変形	○			
2. 不定詞化 [wh-不定詞句]	○	○		
3. 不定詞つき受動態	○			○
4. V-ing つき受動態	○	○	○	○
5. that 節代用			○	○
6. 話法転換				○

1. **as 変形**：一般的な前置詞としての as「として」とは異なって，文の機能を果たしている〈NP＋不定詞句〉をその機能を生かして変形するものである。(NP＝名詞句)

see
(44) We *see* his speech to be boring.（彼の演説は退屈だと看做している。）
(44′) We *see* his speech as boring.

2. **不定詞化 [wh-不定詞句]**：この変形によって，不定詞句が主節主語ないし目的語を意味上の主語として持つことが分る。

see
(45) You can *see* how you repair the car.（どのように車を修繕するか分るでしょう。）
(45′) You can *see* how to repair the car.
   注：you が不定詞の意味上の主語であるが，一般主語（you ないし we）としてもよい。

watch
(46) Please *watch* how I do the cooking.（どう料理するのかよく見ていてください。）
(46′) Please *watch* how to do the cooking.

3．**不定詞つき受動態**：能動態では原形不定詞句であるが，主動詞を受身形にすると，〈to＋不定詞句〉となる。この種の受動態が成立しない動詞もあるから注意が必要である。

see
(47)　I *saw* him come out of the building five minutes ago.（彼が5分前にあの建物から出るのを見た。）
(47′)　He was *seen* to come out of the building five minutes ago.

observe
(48)　I *observed* him steal the precious jewels.（彼が貴重な宝石を盗むのを見た。）
(48′)　He was *observed* to steal the precious jewels.

> 注：〈不定詞つき受動態〉は watch と notice については使用例が滅多にない。observe についても，日本で発行されている英和辞典の中には，『レクシス』が使用例が低いとしているが，『ジーニアス』は挙げており（例：He was observed to enter the house.），外国で発行されている Random House や LDOCE4 にも使用例が載っているので，ここに取り上げた。

4．**V-ing つき受動態**：V-ing はそのままの形で受動態に引き継がれる。

see
(49)　I *saw* him coming out of the house.（彼が家から出てくるところを見た。）
(49′)　He was *seen* coming out of the house.

watch
(50)　I *watched* the boys playing cards.（男の子たちがトランプをやっているところを眺めていた。）
(50′)　The boys were *watched* playing cards.

notice
(51)　I *noticed* him getting out of the bed.（彼がベッドから抜け出しているのに気がついた。）
(51′)　He was *noticed* getting out of the bed.

observe
(52)　I *observed* him stealing my money.（彼が私の金を盗むところを見た。）
(52′)　He was *observed* stealing my money.

5. that 節代用：so が that 節の代わりに使われ，文頭に立つ。
notice
(53)　"He looked embarrassed." "I *noticed* that he looked embarrassed."（「彼は困惑しているようだった。」「私も気づいたよ。」）
(53′)　"He looked embarrassed." "So I *noticed*."
observe
(54)　"His plan turned out to be a failure." "I *observed* that his plan turned out to be a failure."（「彼の計画は失敗だった。」「わたしもそう見ていた。」）
(54′)　"His plan turned out to be a failure." "So I *observed*."

6. 話法転換：4 つの動詞のうち，伝達動詞として使われるのは observe のみで，『ジーニアス』によれば，remark に近いが，observe の方が堅い表現である。
observe
(55)　"His plan turned out to be a failure," I observed.
(55′)　I observed that his plan had turned out to be a failure.

2　発見関係

find, encounter, discover, spot

共通意味：「見つける」

A. 連語関係の差

	find	encounter	discover	spot
1．V＋節	○ [that 節]		○[that 節/wh-節]	○ [that 節]
2．V＋名詞句	○	○	○	○
3．V＋名詞句＋名詞句	○ [目的語/補語]			○ [目的語]
4．V＋名詞句＋不定詞句	○		○	
5．V＋名詞句＋V-ing 句	○		○	○
6．V＋名詞句＋形容詞句/過去分詞	○		○	
7．V＋名詞句＋副詞/前置詞句	○ [out]			
8．V＋副詞/前置詞句	○ [for/against/out]			

◇意味の概略相違表

V \ SF	発見	捜索	試合/交戦	直面	遭遇	汚れ	設定	注目	入手
find	B	A	C	B	B	C	—	B	A
encounter	B	—	A	A	A	—	—	—	B
discover	A	B	—	C	B	C	—	B	A
spot	B	B	—	C	B	A	A	A	C

　find は「無くしてしまったものを努力して見つける」という意図的な活動を表す場合と,「偶然に見つける」という偶然性を持った場合の両方があるが, encounter は,「偶然に見つける」場合のみである。また, find, discover は, 文脈により多少の差異はあるものの, 基本的には「発見＝入手」という構図が成立するのに対して, spot, encounter は,「視覚的な事物の認識」が意味の中核となっているため, 必ずしも「発見＝入手」とはならない。

1．**V＋節**：具体的な人・物を「見つける」のではなく, 事柄を理解するようになるので, 比喩的な「分る」（＝learn）に近くなる。その点, encounter は偶然性が目的語に依存するため, 自らが積極的に理解するようになることはなく, この構文には起こらない。

find＋節 [that 節]
（1） I *found* that he was quite more familiar with the information than I was.（私は彼の方がその情報について, 私よりよく知っていることに気づいた。）

discover＋節 [that 節/wh-節]
（2） Roy *discovered* that his wife used to go out with some other gentleman before she got married.（ロイは, 妻が結婚前にだれか他の紳士と付き合っていたことを知った。）
（3） He was delighted to *discover* how well his mother was.（彼の母がとても元気なことを知って, 彼は喜んだ。）

spot＋節 [that 節]：口語体で, 正式な形ではあまり用いないが, LDOCE4 にある。notice に近い意味をもつ。

（4） The secretary *spotted* that someone had changed the password of her e-mail account.（秘書は誰かがEメールのパスワードを変更したことに気づいた。）

2．V＋名詞句：find と discover は意味が近いが，find は失われたものを「見つける」の場合で，discover は未知のものを「見つける」場合である。encounter は偶然性が強調され，spot は狭い範囲で探し出す意味が加わる。

find

（5） Grace *found* the missing bracelet under the dressing table.（グレースは，無くしていたブレスレットを鏡台の下に見つけた。）

encounter

（6） A few weeks ago, on a Sunday morning walk with my husband, we *encountered* the woman again.（数週間前，私が主人と日曜の朝に散歩をしていると，またあの女性に出くわした。）

discover

（7） Lucy *discovered* the missing photos of her grandmother in the closet.（ルーシーは無くしていた祖母の写真を納戸で見つけた。）

spot

（8） John said he was very excited when he *spotted* the endangered animal in the forest.（ジョンは森でその絶滅危惧種の動物を見つけたとき，とても興奮したと言った。）

3．V＋名詞句＋名詞句

find＋名詞句＋名詞句［目的語/補語］

（9） I was in a hurry, and he *found* me a taxi.（私が急いでいたので，彼はタクシーを見つけてくれた。）

（10） I never *found* my jogging a problem.（自分のやっているジョッギングが問題だとは知らなかった。）

spot＋名詞句＋名詞句［目的語］：アメリカ英語で，スポーツによく使われる。「変形操作の差」の4，(29) を参照。

（11） I was defeated in the game, because I had *spotted* her five points in advance.（私は前もって彼女に5ポイントハンディとして与えてしまったので，そのゲームに負けてしまった。）

4．V＋名詞句＋不定詞句：〈名詞句＋不定詞句〉が具体的な視覚認識ではなく，精神的な知見である場合は，that 節と同じような働きをする。
find
(12) I've known Liz for over 10 years and *found* her to be honest.（私はリズのことを10年以上知っていて，彼女が誠実であることは分かっている。）
discover：〈～ to V〉は通常，状態を表す動詞がくる。
(13) Now that I've known him for so long, I've *discovered* him to be far from priest-like.（今や彼のことはとても古くから知っているのだが，彼がまるで聖職者らしくないことを私は知っている。）

5．V＋名詞句＋V-ing 句：4の場合と異なって，一時的現象を表す。
find
(14) Joseph *found* a baby sleeping in the manger.（ヨセフは赤ん坊が飼い葉桶の中で寝ているのを見つけた。）
discover
(15) I *discovered* her coming toward me with a red candle in her hand.（私は彼女が手に赤いロウソクを持って私のほうにやってくるのを見つけた。）
spot
(16) I *spotted* him taking his golf clubs out of the trunk of his car.（私は彼が自分の車のトランクからゴルフクラブを取り出すのを見た。）

6．V＋名詞句＋形容詞句/過去分詞
find
(17) Maria *found* the man handsome at first glance.（マリアは最初の一目でその男性がハンサムだと分かった。）
discover
(18) Tom hurried to the bedroom to *discover* the window broken and his wife gone.（トムは寝室へ急いだが，寝室では窓が割られ，妻が消えていることが分かった。）

7．V＋名詞句＋副詞/前置詞句
find＋名詞句＋out
(19) What would you do, if your wife *found* you out?（奥さんがあなたの悪さ

を見つけたら，どうしますか。）

8. V＋副詞/前置詞句
find＋against/for/out

(20) The jury *found* against the defendant on the issue.（陪審団は，この問題に対して，被告に不利な評決を下した。）

    find against＝give judgment against

(21) The court *found* for the defendant on the issue.（裁判所は，この問題に対して，被告に有利な評決を下した。）

    find for＝give judgment in favor of

(22) The police *found* out a hacker by chance, who broke the web site of the Ministry of Foreign Affairs.（警察は，偶然にあるハッカーを見つけ，それが外務省のホームページに障害を与えた者であることがわかった。）

    find out＝learn or discover

B. 変形操作の差

	find	encounter	discover	spot
1．there 挿入	○		○	
2．場所前置詞句の前置	○			
3．斜格の主語化	○			
4．2重目的語	○			○
5．不定詞化	○		○	
6．不定詞つき受動態	○		○	
7．目的語結果叙述	○			

1. **there 挿入**：主語と述語動詞を倒置して，主語の位置に there を挿入する操作で，「存在」を表す述語動詞に限定される。この動詞群では find と discover の受

身形のみに起こる。

find

(23) A virus was *found* in my computer last night. (昨夜，私のコンピュータにウィルスが見つかった。)

(23′) There was *found* a virus in my computer last night.

discover

(24) A royal treasure was *discovered* at the old castle site. (城の跡地で王家の財宝が発見された。)

(24′) There was *discovered* a royal treasure at the old castle site.

2. **場所前置詞句の前置**：これも倒置変形の一種で，場所前置詞句が主語の位置に来る。この操作が可能なのは「存在」を表す find の受身形のみである。

find

(25) A torture chamber was *found* in the basement. (地下室に拷問部屋が見つかった。)

(25′) In the basement was *found* a torture chamber.

3. **斜格の主語化**：基本的には 2 と同じ種類の変形であるが，主語と述語動詞の倒置された構文ではない。(26)については，経済的な取引において，お金そのものが取引の主導権を担うため，このような表現を可能としている。(27)についても，「2006年という年が，日本にとって新しい指導者を得るのに相応しい年であった。」と，その年度自体に何らかの意味合いを持たせており，こうした場合にのみ有効な表現である。

find

(26) I *found* a concert ticket for $10. (私はコンサートチケットを10ドルで見つけた。)

(26′) $10 *found* a concert ticket.

(27) Japan *found* the new leader in 2006. (日本は2006年に新しい指導者を見つけた。)

(27′) 2006 *found* the new leader in Japan.

4. **2重目的語**：基底構文は〈V＋NP$_1$＋to/for＋NP$_2$〉で，to がくるか，for がくるかは「目標」を表すか，「受益」を表すかにかかっている。find の場合は，「受

益」だから，for が使われる。これは受益者格交替 (benefactive alternation) と呼ばれるもので，学校文法では第3文型から第4文型に変える操作である。spot の場合は，通常，基底構文と呼ばれる文 ((29)) は存在しない。なぜなら，考えられることは，2重目的語構文（第4文型）は2重目的語間で緊密な関係があり，ハンデキャップが与えてあるのに，本人がもらってないという状況（第3文型）はおかしいからである。Cf. Goldberg (1995)

find

(28) I *found* a summer job for my daughter and this made her vacation very meaningful.（私は娘に夏の仕事を見つけてやり，それで彼女の夏休みは有意義なものとなった。）

(28′) I *found* my daughter a summer job and this made her vacation very meaningful.

spot

(29) ?Ted *spotted* 10 points to me and said if I won in the next game he would cook me dinner for a week.（テッドは私に10点のハンディをくれて，もし次のゲームで私が勝ったら1週間夕食を作ってくれると言った。）

(29′) Ted *spotted* me 10 points and said if I won in the next game he would cook me dinner for a week.

注：この場合の spot は，「見つける」と言う意味で用いられておらず，「(人)にハンディキャップを与える」，「(人)に〜を貸す」という意味で用いられている。

5．**不定詞化**：that 節の内容が状態的なものに限られる。非状態的の場合は，〈V＋NP＋V-ing〉の構文が使われる。

find

(30) I *found* that his family was a big one.（彼の家族は大家族だと分った。）

(30′) I *found* his family to be a big one.

discover

(31) We *discovered* that Mr. Matsui was a productive player.（松井選手が得点つくりの選手だと知った。）

(31′) We *discovered* Mr. Matsui to be a productive player.

6．**不定詞つき受動態**：目的語と不定詞句が主語と述語の関係を保ちながら，受身形に変えられる操作である。

find

(32) The doctor *found* my father to have a brain tumor and removed it by surgery last year.（医者は父に脳腫瘍があることを知り，昨年手術で除去した。）

(32′) My father was *found* to have a brain tumor and had it removed by surgery last year.

discover

(33) We *discovered* a new kind of mammal to be living on the island.（新種の哺乳動物がその島に住んでいるのが分った。）

(33′) A new kind of mammal was *discovered* to be living on the island.

7．目的語結果叙述：that 節の内容は結果の一般的な状態を表す。(34′)は裁判用語としてよく使われる。

find

(34) The jury *found* that he was not guilty.（陪審団は彼を無罪と評決した。）

(34′) The jury *found* him not guilty.

3　取得関係

get, gain, obtain, receive, take

共通意味:「得る」

A．連語関係の差

	get	gain	obtain	receive	take
1．V		○	○	○	○
2．V＋節	○ [wh-節]				
3．V＋不定詞句	○				
4．V＋名詞句	○	○	○	○	○
5．V＋名詞句＋名詞句	○ [目的語]	○ [目的語]	○ [目的語]		○ [目的語/補語]
6．V＋名詞句＋不定詞句					○
7．V＋名詞句＋副詞/前置詞句	○ [back/down/in/off/over/together]				○ [aback/in/off/out of/over/up on]
8．V＋副詞/前置詞句		○ [on]			○ [after/away from/in/on/to/up]

◇**意味の概略相違表**

V \ SF	獲得	受領	習得	乗り物	収容	食事/薬	受信	通用	写真	価値	時計/体重/音量
get	A	B	B	A	B	B	A	B	B	B	B
gain	B	B	C	C	B	B	C	C	—	A	A
obtain	A	B	B	C	B	B	C	A	C	C	C
receive	C	A	B	—	A	B	A	B	—	C	C
take	A	A	A	A	A	B	B	A	B	A

　5つの動詞の中で、主語の意図とか、努力に関係なく、一般的に使われるのが、get と receive である。他方、obtain はやや堅苦しい言い方で、努力して獲得するときに使われ、gain は名詞の「利益」が示すように、主語にとって利益となるものを「得る」時に使われる。take は主語の意図が入り、「得る」の結果、「手に入る」場合である。
　get と take は次の例のように、動作を表すものを目的語にし、その内容を第一義的にして、動詞自体は副次的で、軽くなる。
(a)　I *got* some sleep before the meeting.（会合の前に少し寝た。）
(b)　I *take* a walk in the woods before breakfast.（朝食前に、森を散歩する。）

1．V：get のみ自動詞用法がないが、これは意味が全く違うものになるからで、「得る」以外の意味「着く、（ある状態に）なる」なら自動詞用法は存在する。例：I am afraid I will *get* home late today.（今日は帰宅が遅くなるのではないかなあ。）
gain：「時間がかかる・奪う」から、「（時計が）進む」の意味になる。
（1）　My watch often *gains*, and needs to be fixed.（私の時計は時々進んでしまう。直してもらわなければならない。）
obtain：「手に得る」から、「通用する」の意味になる。
（2）　Many local customs no longer *obtain* in advanced countries.（先進国では地方の風習の中でもはや通用しないものが多い。）
receive：「（病人を）受け入れる」から「診察する」の意味になる。

（3） Dr. Smith does not *receive* on Wednesdays in addition to weekends.（スミス医師は週末以外にも水曜日が休診日だ。）

take：「（魚をえさで）引き寄せる」から「（釣って）獲得する」の意味になる。

（4） I tried to fish trout today, but the fish did not *take* all day.（今日ますを釣ろうとしたが，一日中かからなかった。）

> コメント：アメリカ人 ALT は gain, receive, take の自動詞用法はそれぞれ目的語を取った他動詞用法の方が普通だとの反応を示した。これらの動詞の自動詞用法が許されるのは前後関係から目的語が理解されるからで，次に示すように目的語の意味が了解される。gain (time), receive (clients), take (bait). しかし，eat や drink とは違って，意味範囲の狭まったものに限定される。eat, drink は食べられるものや飲めるものなら何でもよいのである。例：Be careful when you eat (something edible) and drink (something drinkable) in foreign countries.（外国で飲食するときは気をつけて。）この現象は不定名詞削除と呼ばれている。

2．V＋節

get＋節 [wh-節]：くだけた会話体で，「分る」（understand）と同じような意味になる。that 節は来ないし，受身形，進行形もない。

（5） I didn't *get* how she was able to know about our meeting.（彼女が我々の会のことをどうして知ることができたか分りませんでした。）

3．V＋不定詞句

この連語は get のみに起こるが，2 通りの意味があり，それぞれに連語構造上固有の制限がある。

get：to 不定詞句が状態 [be＋形容詞句，know, feel など] を表すとき，「するようになる」の意味となり，非状態 [do 動詞など] を表すとき，「できる，どうにかする，べきだ」の意味となり，いずれも本来の「得る」とはかなり違った比喩的な意味となる。

（6） I'd like to know how you've *got* to be so pretty.（あなたがどうしてそんなに綺麗になったか知りたいです。）

（7） I've *got* to fight against racial discrimination.（私はなんとかして人種差別反対の闘争をしなければならない。）

4．V＋名詞句

冒頭の意味相違表と解説を参照。

get

(8) He finally *got* a scholarship from a local university in California.（彼はついにカリフォルニアの地方大学から奨学金を得た。）

> 注：完了形〈have got＋NP〉は「所有」の意味のみで，それ以外の意味では使えない。*He has *got* lunch at the Chinese restaurant.（彼は中華料理屋で昼食を食べた。）（NP は名詞句，*印は非文）

gain

(9) The United States of America *gained* independence from Britain in 1776.（アメリカ合衆国は1776年英国から独立した。）

obtain

(10) If you leave the dormitory for more than a day, you have to *obtain* permission from the warden.（二日以上寮を空けるときは，寮長の許可が必要です。）

receive

(11) He *received* a letter from his daughter studying in the US.（彼はアメリカで勉強している娘から手紙をもらった。）

take

(12) I *took* the opportunity to speak to the TV personality.（機会をとらえて，そのテレビタレントに話しかけた。）

> 注：take に方向を表す語句が来ると，「送っていく，連れて行く」の意味となる。例：I'll *take* you to Tokyo.（あなたを東京に送っていく（連れて行く）。）
> *send you to Tokyo.
> コメント：アメリカ人 ALT は send you to a boarding school なる用法はあると言ったが，しかし，これは「(言うことをを聞かないと) 寄宿学校に入れてしまう」という特殊な意味になる。

5．V＋名詞句＋名詞句：いわゆる第4文型の2重目的語構文か，第5文型の目的格補語を伴った構文である。 Cf.「変形操作の差」1

get＋名詞句＋名詞句［目的語］

(13) My father *got* me this sweater in New Zealand.（父はニュージーランドでこのセーターを私に買ってくれた。）

gain＋名詞句＋名詞句［目的語］：主語に人が来ると，間接目的語に再帰代名詞をとり，物・事が来ると，通常の2重目的語構文になる。

(14) He *gained* himself a reputation for politeness.（彼は礼儀正しさで評判を勝ち取った。）

(15) Her performance in the drama *gained* her the heroine of the next.（その劇での演技によって彼女は次の劇のヒロインを得た。）

obtain＋名詞句＋名詞句［目的語］：gain と同じような構文を取るが，obtain の方が関係した人間の努力が感ぜられ，堅い表現である。

(16) His new novel *obtained* him a reputation for genius.（新しい小説によって彼は天才の評判を得た。）

take＋名詞句＋名詞句「目的語/補語]

(17) As he was studying plants and flowers, I *took* him an encyclopedia.（彼が植物や花々を勉強していたので，百科事典を取ってやった。）
(18) They *took* him prisoner of war.（彼らは彼を戦争捕虜として捕らえた。）

6．V＋名詞句＋不定詞句

take＋名詞句＋不定詞句［補語句/副詞句］

(19) His wife looked so young that I took her to be his daughter.（彼の奥さんはあまりにも若く見えたので，私は彼の娘だと思ってしまった。）
(20) He *took* me to see the sight.（彼は私を連れて行ってその光景を見させた。）

7．V＋名詞句＋副詞/前置詞句：ここの副詞・前置詞句は単なる修飾語ではなく，この種の連語に必要なものである。

get＋名詞句＋back/down/in/off/over/together

(21) She *got* him back for his bad treatment of her.（彼女は彼が彼女にひどい扱いをしたので，仕返しした。）
(22) His failure in getting a job *got* him down.（就職に失敗したので，彼はがっかりした。）
(23) Could you *get* your manuscripts in by next Monday?（原稿を次の月曜日までに届けていただけますか。）
(24) Will you please *get* this foreign mail off tomorrow morning?（この外国郵便を明日の朝郵送してくれますか。）
(25) I wonder if I *got* my message over to him.（私のメッセージが彼に伝わったのかな。）
(26) He tried to *get* his life together after he made many poor decisions.（彼は多くの下手な決定を下した後で生活を立て直そうとした。）

　　　　　　コメント：アメリカ人 ALT によれば，この連語は自分がなにか悪いことをしたときとか，自分のミスで不利な状態に陥ったときに，使われるとのことである。

take＋名詞句＋aback/in/off/out of/over/up on
(27) She was *taken* aback by his frank proposal of marriage. (彼女は彼の率直な結婚申し込みにビックリした。)
(28) You are *taken* in by the accused who claims innocence. (あなたは無罪を主張する被告に騙されているのです。)
(29) I *took* some time off and visited my bedridden friend in the hospital. (いくらか暇をもらって，病院で寝たきりの友人を見舞った。)
(30) Looking after the old all day long will *take* it out of you. (一日中老人の面倒を見ると，疲れきってしまう。)
(31) As soon as he became the leader of the party, he *took* it over. (党首になるやいなや，彼は党を牛耳ってしまった。)
(32) I'll *take* you up on that offer of help. (あなたの援助の申し出を受けましょう。)

8. **V＋副詞/前置詞句**：7と同様に副詞/前置詞句はこの種の連語に必要なもので，ひとつの成句になっている。なお，get はこの連語によく現れるが，§7. 結果（移動）関係に関するもので，その項を参照のこと。

gain＋on
(33) The police were *gaining* on the murderer. (警察はその殺人者との距離を狭めていった。)
　　　　　gain on＝get closer to

take＋after/away from/in/on/to/up
(34) If you take a look at his father, you'll understand what John is like. He really *takes* after his father. (ジョンのお父さんを見れば，彼がどんな奴かわかるよ。彼はお父さんそっくりだ。)
　　　　　take after＝resemble
　　　　　　注：『ジーニアス』には，「目的語には血縁関係のある主語より年上の人」という注意書きがある。
(35) Going into details will *take* away from your interest in this love affair. (詳細に深入りすると，この情事が面白くなくなります。)

　　　　　take away from＝detract
(36)　Let us *take* in the famous nightly performance.（あの有名な夜の公演を見ようではないか。）
　　　　　take in＝go and see
(37)　I think I *took* on too much work. I feel completely exhausted.（私はあまりにも多くの仕事を引き受けてしまったようだ。完全にへばっているようだ。）
　　　　　take on＝accept
(38)　John is the only person that Kate has ever *taken* to.（ジョンはケートが今までに気に入った唯一の人だ。）
　　　　　take to＝feel a liking for
(39)　The government has finally *taken* up the problem of unemployment.（政府はついに失業問題を取り上げた。）
　　　　　take up＝begin to spend time doing

B.　変形操作の差

	get	gain	obtain	receive	take
1．2重目的語	○	○	○		○
2．場所主語					○
3．外置変形					○
4．身体部位目的語					○

1.　**2重目的語**：第3文型を第4文型にする操作である。同じ2重目的語を取る構文でも，get, gain, obtain の場合は，間接目的語の利益になるから，受益格である。従って，前置詞句には for が使われる。他方，take の2重目的語構文では，間接目的語に「人」がくる（代名詞が多い）場合に限られ，「もの」のときは，移動の意味となり，前置詞句には移動先を意味する to が使われる。

　なお，receive には2重目的語の構文は存在しない。あっても，使用率が低く，稀である。また，gain の2重目的語構文は日本で出版されている英和辞典には載っているものの，LDOCE4 には載っていない。使用率が低いのであろう。

get

(40) The professor *got* some data on my research for me.（教授は私の研究データを確保してくれた。）
(40′) The professor *got* me some data on my research.
gain
(41) The mass protest *gained* their independence for the people.（大衆プロテストのお陰でその国民は独立を勝ち取った。）
(41′) The mass protest *gained* the people their independence.
(42) ?He *gained* a reputation for himself.（彼は名声を得た。）
(42′) He *gained* himself a reputation.
> 注：人が主語に立ち，間接目的語に再帰代名詞が来る場合，(42)のような文は通常使われない。なぜなら，別の意味 (for himself=「独力で，一人で」) となるからである。

obtain
(43) His new model *obtained* a fortune for him.（彼の新しいモデルによって，彼はひと財産を得た。）
(43′) His new model *obtained* him a fortune.
take
(44) He was kind enough to *take* a birthday present to me.（彼は親切にも，私に誕生日プレゼントを持ってきてくれた。）
(44′) He was kind enough to *take* me a birthday present.

2．**場所主語**：場所を表す語句が主語の位置に来る操作である。
take
(45) We can *take* more than 1,000 people in this hall.（このホールには1000名以上を収容できる。）
(45′) This hall can *take* more than 1,000 people.

3．**外置変形**：いわゆる仮主語を立てて，真主語の to 不定詞句を後置する操作である。
take
(46) To change your lifestyle *takes* a lot of courage.（生活スタイルを変えるには随分と勇気がいる。）
(46′) It *takes* a lot of courage to change your lifestyle.

4．**身体部位目的語**：前置詞句内にあった身体部位を直接目的語にする操作である。
take
(47) She *took* me by the hand.（彼女は私の手をつかんだ。）
(47′) She *took* my hand.

4　所有関係

have, keep, own, possess

共通意味:「所有する」

A.　連語関係の差

	have	keep	own	possess
1．V	○	○		
2．V＋節			○ [that 節]	
3．V＋不定詞句	○			
4．V＋V-ing句		○ [補語]		
5．V＋名詞句	○	○	○	○
6．V＋名詞句＋名詞句		○		
7．V＋名詞句＋不定詞句	○			○
8．V＋名詞句＋V-ing句	○	○		
9．V＋名詞句＋形容詞句/過去分詞	○	○		
10．V＋名詞句＋副詞/前置詞句	○ [in (for)/on/out/up]	○ [from/in/off/on]		
11．V＋形容詞		○		

| 12. V＋副詞/
前置詞句 | ○ [on] | ○ [at/back/
down/from/
off/on/to/up
with] | ○ [up (to)] | |

◇**意味の概略相違表**

V \ SF	財産	性質/ 属性	考え	治療	飲食	認知	約束/ 秘密	賞味 期限	留置/ 引止 め	養育/ 飼育	日記
have	B	B	B	B	A	C	B	B	C	B	B
keep	B	C	A	B	C	B	A	A	A	A	A
own	A	C	C	C	—	A	C	—	—	C	—
possess	A	A	B	C	C	B	B	C	C	B	C

　have は，「持つ」という意味の言葉としては最も一般的な動詞である。また，多様な名詞を目的語にとることによって，以下のように様々な比喩的表現を容認する。
（a）　I *have* a class.（授業がある。）……《事態・出来事》
（b）　She *has* a wonderful voice.（彼女は素晴らしい声をしている。）……《性質》
（c）　I *have* a strong doubt about her.（私は彼女に強い疑いを持っている。）
　　　……《感情》
（d）　Let's *have* a break.（一休みしよう。）……《行為》
　keep は，「所有する」という意味のほか，promise, secret, treaty, appointment, faith などの語を目的語に取り，「実行する」「守る」という意味でも用いられる。own は，財産など具体的に所有しうるものを「持つ」場合に用いられる。possess も同様に，所有権を有する場合に用いられる語であるが，possess の方がより公的な意味合いが強く，よって法律上の表現においては possess の方を好んで用いる。また possess は，これとは別に，能力や性質について言及する場合にも用いることができる。

1．**V**：この動詞群の自動詞用法は have と keep にある。しかし，have のこの用法は古く，イギリス英語で，今日ではあまり用いられない。なお，own「認める」の古い用法に〈own＋to 不定詞句〉の自動詞用法があるが，必ず to 不定詞句を伴い，単独で現れることはない。
have：聖書英語に現れ，堅い表現。（1）では2箇所で肯定と否定に使われている。
（1） For to everyone who *has*, more will be given, and he will have abundance; but from him who does not *have*, even what he has will be taken away.（だれでも持っている者は，与えられて豊かになり，持たない者は，持っているものまでも取り上げられるのです。）（マタイの福音書25：29 新欽定訳）
keep：「（物事が）ある状態のままで続く」という意味が中核にあり，そこからこの場合には，「（食物などが）腐らないで保つ」という意味となる。
（2） Use up the perishables as soon as possible because they won't *keep* till tomorrow.（生ものは明日までもたないから，なるべく早く使い切ってください。）

2．**V＋節**：実際に，この動詞群に節を取る動詞はない。ただし，own は「所有する」以外の意味「認める」では that 節をとる。
own＋節［that 節］
（3） He *owned* that he had obtained the classified information from his own agency.（彼は自分の機関からその機密情報を得たことを認めた。）

3．**V＋不定詞句**：先に挙げた「認める」の own と同様に，助動詞用法の have に to 不定詞句が連接し，「～しなければならない」の意味となる。「所有する」の意味ではこの連語は存在しない。
have
（4） The men *had* to be dressed up for dinner.（男たちは晩餐のために正装しなければなら　なかった。）

4．**V＋V-ing 句**：keep だけにこの連語が存在し，ある行為を保ち続ける（従って，V-ing の V を「やり続ける」）の意味となる。
keep＋V-ing 句［補語］

（5） Everyone will be healthy if they *keep* eating these kinds of food.（こうした食事を摂っていれば，誰でも健康になるでしょう。）

5．V＋名詞句：意味の差については，冒頭の意味相違表と解説を参照。
have：否定の縮約形 haven't は本動詞には使えないが，LDELC によれば，〈have＋名詞〉の間に何らかの語句が来れば，OK としている。例：I haven't (got) any money.（お金を全然持っていない。），He hasn't (got) a very good temper.（彼は性質がとてもよいという訳ではない。）なお，have も have got も同様に「(恒久的) 所有」を表す。Cf. 取得関係の get の項。

　目的語に行為を表すものが来る表現があり（冒頭の解説，have の項参照），have a swim/shower のような連語となり，行為化（＝do）される。単純な動詞形よりもくだけた表現で，「ひと泳ぎする，ひとシャワー浴びる」の意味となる。

（6） Jack still *had* a gun in his hand when others came up.（他の者たちが現れたとき，ジャックはなお鉄砲を手に持っていた。）

keep
（7） Almost every resident in the village *kept* a dog.（その村に住む住民のほとんどが犬を飼っていた。）

own
（8） She has *owned* the company for nearly a decade.（彼女は十年近くその会社を所有している。）

possess
（9） That TV personality unlawfully *possessed* a prohibited drug.（そのテレビタレントは不法に麻薬を所持していた。）

6．V＋名詞句＋名詞句：「変形操作の差」の２重目的語の項を参照。
keep
（10） He kept me my suitcase during the show.（ショウの間，彼は私のスーツケースを預かってくれた。）

　　　　　コメント：２重目的語構文は keep のみに存在するが，ALT は一般的でないとした。

7．V＋名詞句＋不定詞句：have 動詞の場合は，名詞目的語のあとの不定詞は原形不定詞と呼ばれ，to がない。この have は使役動詞として用いられ，「所有する」という本来の意味合いは薄れている。possess も「(心が) とりつかれる」という

意味で使われ，一種の比喩的表現である。

have＋名詞句＋原形不定詞句
(11)　Jane *had* the porter carry her luggage out to the waiting limousine.（ジェーンはポーターに自分の荷物を外で待っているリムジンまで運ばせた。）

possess＋名詞句＋不定詞句
(12)　I don't know what *possessed* him to marry such a girl.（彼は何に血迷ってあんな娘と結婚したのか分からない。）

8．**V＋名詞句＋V-ing 句**：7 と同様に，使役的に使われ，V-ing の V は非状態動詞に限られる。

have
(13)　Our band had no banjo player, so we *had* someone playing the banjo every time at the live concert.（私たちのバンドにはバンジョー弾きがいなかったので，いつもライブのときには，誰かにバンジョーを弾いてもらっていた。）

keep
(14)　We apologized to them because we had *kept* them waiting for a long time.（私たちは彼らを長く待たせてしまったので，謝罪した。）

9．**V＋名詞句＋形容詞句/過去分詞**
have：いずれも，本来の「所有する」の意味からそれる。形容詞が来るときは，5 の場合と同様に，行為化されて使われ，(15)の have は drink と同義である。過去分詞が来るときは使役あるいは受身を表す。(16)において repaired の場合は使役を，stolen の場合は受身を表す。受身の場合は被害を表すことが多い。
(15)　I'll *have* my coffee extra bitter, please.（私のコーヒーは特別苦くお願いします。）
(16)　I *had* my bicycle repaired/stolen yesterday.（私は昨日自転車を修理してもらった/盗まれた。）

keep：状態を保たせることから，「継続させる」の意味となる。
(17)　The menial tasks in the office always *kept* her asleep.（会社でのつまらない仕事は常に彼女を眠くさせた。）
(18)　I *kept* my eyes fixed on her while she was dancing.（彼女が踊っている

間，私は彼女に目を注いでいた。）

10．V＋名詞句＋副詞/前置詞句：この連語で使われる副詞/前置詞はその存在があってもなくてもよい場合とは違って，成立に必要なものである。

have＋名詞句＋in (for)/on/out/up

(19) I *had* a plumber in to repair the water pipe.（配管工を呼んで水道管を修理させた。）

(20) He thought all his friends *had* it in for him.（彼は友達がみんな彼に悪意を抱いていると思った。）

    注：have it in for までがひとつの成句になっている。

(21) The baby *had* nothing on, but joyfully was romping about.（赤ちゃんは何も着ていなかったが，嬉々としてはしゃぎ回っていた。）

    注：have... on には，上記の意味以外に，「からかう」（＝tease），「不利な情報を出す」（＝have information against...）などがある。例：What she said to you about was not true. She just *had* you on.（彼女があなたに話したことは本当ではない。ただあなたをからかったのだ。）/It turned out that the plaintiff *had* nothing on me.（原告は何も私に対して不利な情報を出せなかったことが判明した。）

(22) When I go to school tomorrow morning, I'll try to *have* it out with him.（明日朝学校にいったら，彼と話し合って決着をつけようと思う。）

    注：have it out with ... がひとつの成句になっている。

(23) He was *had* up for excessive speed.（彼はスピード超過で呼び出された。）

    コメント：イギリス英語で，常に受身形で用いられ，口語体である。実際，アメリカ人 ALT はこの連語に拒否反応した。

keep＋名詞句＋from/in/off/on

(24) My fever *kept* me from reading this novel cover to cover.（私は熱があったので，この小説を最初から最後まで読むことができなかった。）

(25) He *kept* his mother in for five days for the operation.（彼は母親を5日間手術のため入院させておいた。）

(26) How could you *keep* the mosquitoes off your body?（どうやって蚊を身体から遠ざけることが出来ますか。）

(27) I'll see to it that they *keep* you on after the summer vacation.（夏休み以降もずっと雇われるように図りましょう。）

11．V＋形容詞：動詞のあとに形容詞が後続するのは keep のみである。

keep

(28)　If you sit in a cold room and do nothing to *keep* warm, you may run the risk of getting a cold.（寒い部屋に座って暖かくすることを怠ると，あなたは風邪をひく危険を冒すことになります。）

12．V＋副詞/前置詞句：この連語を成立させるために必要な副詞/前置詞句である。

have＋on

(29)　Sam *had* on the blue pajamas, which were his favorite.（サムは青い寝間着を身に付けていたが，それは彼のお気に入りだった。）

　　　　　have on＝be wearing

　　　　　　　コメント：この例文ははじめ pajamas のところが nightgown としてあった。ALT に再検討してもらったところ, nightgown は女性用だから, 通常は男性用の pajamas だろうと修正した。しかし, nightshirt と同義語で, 膝まであるシャツに似た男性用の寝巻きも nightgown と言う。アメリカ人の生活地域の差もあるのであろう。

keep＋at/back/down/from/off/on/to/up with

(30)　No matter what happens to you, just *keep* at it!（たとえ何が起ころうとも，ただ地道に頑張りなさい。）

　　　　　keep at＝continue working at

(31)　My father *kept* back some of my income to pay for my debt to him（父への借金を戻すために彼は私の収入のいくらかを押さえた。）

　　　　　keep back＝retain

(32)　My baby is sleeping. So please *keep* down the radio, won't you?（赤ん坊が寝ているから，ラジオの音を抑えてもらえないかね。）

　　　　　keep down＝control

(33)　The recital was all so repetitive and monotonous that she hardly *kept* from falling asleep.（演奏会は繰り返しばかりでつまらなかったので，彼女は眠りを抑えることができなかった。）

　　　　　keep from＝prevent oneself from V-ing

(34)　*Keep* off the grass.（芝生に入るべからず。）

　　　　　keep off＝stay away from

(35)　The boy *kept* on playing the video games in his bedroom until the next morning.（その少年は自分の寝室で翌朝までテレビゲームを続けた。）

   keep on＝continue

(36) *Keep* to the left-hand lane after crossing Church Street.（教会通りを横切ったら，左側のレーンを通行してください。）

   keep to＝remain in the stated position

(37) Click the icon and check the new articles if you want to *keep* up with the latest news around the world.（もしあなたが世界の最新ニュースに乗り遅れたくなかったら，このアイコンをクリックして，新しい記事をチェックしましょう。）

   keep up with＝remain level

    注：keep up with でひとつの成句になっている。

own＋up (to)

(38) He *owned* up to his adultery with Monica, one of his secretaries.（彼は秘書の一人であるモニカとの不倫を白状した。）

   own up (to)＝admit something bad

B. 変形操作の差

	have	keep	own	possess
1．2重目的語		○		
2．受動態	○	○	○	○
3．記述的抽象名詞化	○			
4．擬似 tough 移動	○			

1．**2重目的語**：この変形は受益者格交替 (benefactive alternation) と呼ばれるもので，学校文法でいうところの第3文型と第4文型の書き換えである。

keep：ほとんどの日本で出ている英和辞書には(39′)の2重目的語構文は載っているが，実際にはあまり使用されず，ネイティブ・スピーカーは好まないようである。

(39) Please *keep* the seat for me.（私のために座席をとっておいてください。）

(39′) Please *keep* me the seat.

2. **受動態**：能動態の目的語が受動態の主語になる変形である。
have：「所有している」意味のときは状態を表す動詞であって受動態不可だが，「手に入れる，獲得する」（＝所有する）の意味のときは非状態化され，受動態が可能なことがある。比喩的な意味での「他人に所有される」→「騙される」の場合がその例で，受動態が可能である。

(40) Did you pay 100,000 yen for that stuff? He has *had* you, I'm sure.（あんなものに10万円払ったのですか。彼に騙されたのですよ。）

(40′) Did you pay 100,000 yen for that stuff? You have been *had* by him.

keep

(41) He *keeps* his money in his closet.（彼はお金を押入れにしまっている。）

(41′) His money is *kept* in his closet.

own

(42) He *owns* great property in the country.（彼は田舎に大きな財産を持っている。）

(42′) Great property is *owned* by him in the country.

possess：例文(12)を参照。

(43) When his friend was promoted to manager, envy *possessed* Bill.（彼の友達が支配人に昇格したとき，ビルは嫉妬に取りつかれた。）

(43′) When his friend was promoted to manager, Bill was *possessed* by envy.

3. **記述的抽象名詞化**：〈be＋形容詞句＋to 不定詞句〉を〈have＋the＋抽象名詞＋to 不定詞句〉にする変形操作で，抽象名詞が前者の構文に取って代わって，記述的になっている。

have

(44) He was kind enough to make room for the old.（彼は親切にも老人に席を譲った。）

(44′) He *had* the kindness to make room for the old.

4. **擬似 tough 移動（目的語の移動）**：(45)のような普通の他動詞構文の目的語を have の目的語とし，意味上は元の他動詞の目的語となる変形操作である。

have

(45)　I must do plenty of homework.（私は沢山の宿題をしなければならない。）
(45′)　I *have* plenty of homework to do.

5　授与関係

give, present, exchange, hand, pass

共通意味:「与える」

A. 連語関係の差

	give	present	exchange	hand	pass
1. V	○				○
2. V＋名詞句	○	○	○	○	○
3. V＋名詞句＋名詞句	○			○	○
4. V＋名詞句＋不定詞句	○				
5. V＋名詞句＋副詞/前置詞句	○ [away/back/over/up]		○ [for/with]	○ [back/into]	○ [by/off]
6. V＋副詞/前置詞句	○ [in (to)/of/off/onto/over/up]	○ [with]		○ [down/over]	○ [away/for[as]/off/on/out/over/up]

◇意味の概略相違表

V \ SF	金銭	機会/許可	交換	贈与	供給	意見/助言	情報	描写	譲歩	紹介	上演/放送
give	B	B	B	B	B	B	A	B	A	B	B
present	A	C	B	A	B	B	A	B	—	A	A
exchange	A	C	A	C	—	B	A	C	—	C	—
hand	B	C	B	C	B	C	C	—	C	—	—
pass	C	A	B	B	C	C	B	C	B	C	C

　give は一般的な「与える」で，活用範囲が広い。特に〈give＋動作名詞〉は日本語の「〜をする」にあたり，利用価値が高い。

（a） He *gave* a talk on Japanese ceramics.（彼は日本の陶磁器について話をした。）

（b） The little girl *gave* a big smile to him.（その少女は彼に大きくほほえんだ。）

（c） "Will you *give* a call when you get there?"（「そこに着いたら，電話してくれる？」）

present は贈与形式で「与える」ので，形式ばっている。したがって，「話，報告など」でも present を使うと，（d）のように堅苦しい雰囲気が出る。

（d） Our president *presented* the report at the beginning of the meeting.（社長が会の冒頭，報告をした。）

exchange は A 対 B が B 対 A になるという，相互のやり取りであるのに対し，他の動詞は A から B への一方的な方向の「授与」で，hand は具体的な手を使った「与える」の意味を基底にもっている。pass も手を使った「与える」作業を意味しているが，同時に give に似て〈pass＋動作名詞〉の形式で，（e）のように，比喩的に使うことができる。

（e） He *passed* comment on the matter.（彼はその事柄についてコメントした。）

1. Ｖ：日本で出版されている英和辞書（『ジーニアス』，『レクシス』，『研究社新

英和』など）には，present や exchange に自動詞用法が認められているが，外国出版の辞書（LDOCE, CIDE, LDELC, RANDOM HOUSE など）には記載されていない。しかも，ALT も認めていない。現代的用法ではないのであろう。

give：〈give＋NP$_1$＋to＋NP$_2$〉構文の NP$_1$ を省略して，（1）のような「贈る（寄付する）」となるか，もしくは〈give oneself (way)〉の oneself または way を省略して，（2）のような「譲る（屈服する）」になる。これらの意味からさらに種々の比喩的な意味も派生する。『ジーニアス』の give（自）を参照。なお，NP は名詞句で，NP$_1$ は直接目的語，NP$_2$ は間接目的語。

（1） He learned to *give* and take as he grew older.（彼は成長するにつれて，譲り合うようになった。）

注：give and take は「譲り合う」という意味の成句になっている。

（2） The shoes will *give* after you have worn them a few times.（靴は2，3回履けば，きつくなくなる。）

pass：この自動詞は無意志の状態で，人・物が通過する場合に使われる。

（3） The classified documents *passed* into the hands of the enemy.（機密書類が敵の手に渡った。）

2．**V＋名詞句**：冒頭に挙げた動詞の意味が典型的に生きる構文である。

give

（4） He always *gave* a present to his wife when her birthday came.（誕生日の時，彼はいつも妻にプレゼントをあげていた。）

present

（5） This picture *presents* one big problem to the public.（この写真は大衆に一つの大きな問題を提示している。）

exchange

（6） The two boxers *exchanged* hard blows, and fell down together.（2人のボクサーは互いに激しい打ち合いをして，共に倒れてしまった。）

コメント：この例文ははじめは blows のあとに，with each other をつけて，The two boxers exchanged hard blows with each other. としてあった。しかし，ALT によれば，with each other は余計で必要ないとのことであった。しかし，言語に余剰性は付きもので，LDOCE4 には At the end of the game players traditionally exchange shirts with each other.（試合後，伝統的に競技者はお互いにシャツを交換する。）という文があって，特に奇異に感ずることではない。

hand

(7) The nurse *handed* the prescription to him.（看護婦は彼に処方箋を手渡した。）

pass

(8) All the people *passed* buckets of water from hand to hand to put out the fire.（すべての人が火を消すために手で水バケツをリレーした。）

3．V＋名詞句＋名詞句：2重目的語構文であるが，構文文法によれば，直接目的語が先に来る，いわゆる第3文型は2重目的語構文よりも名詞間の緊密性に欠けているようである。「変形操作の差」の2重目的語の項を参照。

give

(9) Please *give* me another chance to try it.（どうぞもう一度やるチャンスをください。）

hand

(10) I am sure I *handed* him the city map, but he seemed to have lost it.（確かに彼に町の地図を渡したのに，彼は無くしてしまったらしい。）

pass

(11) Will you *pass* me the sugar? I need some sugar for the coffee.（砂糖を回してくれませんか。コーヒーに砂糖を入れたいのです。）

4．V＋名詞句＋不定詞句

give

(12) He was *given* to believe that he would take over his father's shop.（彼は父の店を継ぐものと信じ込まされた。）

注：〈give＋名詞句＋不定詞句〉は通常受身形で使われる。

5．V＋名詞句＋副詞/前置詞句：ここに現れる副詞/前置詞句は通常の修飾語とは違って，この連語に必要なものである。

give＋名詞句＋away/back/over/up

(13) She tried to act calm, but her voice *gave* her away.（彼女は平静に振舞おうとしたが，声が彼女を裏切っていた。）

注：give ... away にはこのほか，次のような意味もある。「(秘密を)漏らす」（＝tell (a secret)，例：He *gave* his partner away to the boss.（彼はボスに仲間の秘

密を漏らした。)/「(結婚式で父親が新婦を)新郎に引き渡す」(＝hand over（a woman) to her husband)，例：Beth was *given* away by her father to her husband.（ベスは父親から新郎に引き渡された。)

(14) My friend refused to *give* me back any of the money I lent him.（私の友人は私が貸したお金を少しも返そうとしなかった。）

　　　　注：give ... back は常識どおりに「返す」であり，成句とは考えられないかもしれない。しかし，返す相手の人が back の前に来て，返すものがその後に来るという構文を取るので，あえて挙げた。

(15) I had to *give* my whole day over to cooking for the party.（私は丸一日パーティのために料理に時間を費やした。)

(16) The plane crashed and we *gave* all the passengers up for dead.（その飛行機が墜落して，私たちは乗客全員死亡と判断した。)

exchange＋名詞句＋for/with

(17) Where can I *exchange* my yen for dollars?（どこで日本円をドルに交換できますか。)

(18) Mark *exchanged* words with Jane.（マークはジェーンと言葉を交わした/口論した。)

　　　　注：この書き換えについては，B．変形操作の差の「重主語」の項を参照。なお，words のような複数形は，become friends with（友達になる），shake hands with（握手する）等と同じ用法。

hand＋名詞句＋back/into

(19) He tried to *hand* the creditors back the money, but couldn't after all.（彼は債権者にお金を返そうとしたが，結局出来なかった。)

(20) The man *handed* the girl into the bus.（その男性は少女に手を貸してバスに乗せた。)

pass＋名詞句＋by/off

(21) Those who have no definite plans in life will feel that life is *passing* them by.（人生にしっかりとした計画を持たない人々は人生がただむなしく過ぎていくと感じるだろう。)

(22) He *passed* himself off as a lawyer.（彼は自分を弁護士として偽り通した。)

6．V＋副詞/前置詞句

give＋in (to)/of/off/onto/over/up

(23) However hard he was beaten, he never *gave* in.（どんなにたたかれようと，彼は決して降参しなかった。）
　　　　　give in＝surrender
　　　　　　　注：次の(24)のように，「降参する」の相手に対しては to をつける。
(24) The government did not *give* in to their protests.（政府は彼らの抗議を受け入れなかった。）
(25) He never *gave* of his money to help the poor.（彼は自分のお金を投げ出して，貧乏人を助けることは決してなかった。）
　　　　　give of＝give without expecting anything in return
　　　　　　　注：形式ばった言い方で，口語体では使わない。
(26) The charcoal fire *gave* off a comforting smell.（その炭火は気持ちよい香りを漂わせた。）
　　　　　give off＝emit
(27) I like the small balcony that *gives* onto the patio.（私は中庭へ通じる小さなバルコニーが好きです。）
　　　　　give onto＝lead straight to
　　　　　　　注：イギリス英語で，受身形にはならない。
(28) He *gave* over complaining, because he found there was no point in doing that.（彼はぶつぶつ言うのをやめた。そんなことをしても意味ないと分ったからだ。）
　　　　　give over＝stop
　　　　　　　注：イギリス英語でしばしば命令形で使われ，口語体である。
(29) He *gave* up smoking in order to keep himself fit.（彼は健康を保つために喫煙をやめた。）
　　　　　give up＝stop

present＋with

(30) Some patients *presented* with strange headaches.（奇妙な頭痛の症状を持つ患者が何人かいた。）
　　　　　present with＝show (the sign of an illness)
　　　　　　　注：この表現は医学用語とまではいかなくても，医療関係の特殊な使い方である。

hand＋down/over

(31) The grandfather *handed* down his precious book to him.（祖父は彼に貴重な本を残した。）

hand down＝leave to younger people

(32) The rebels finally *handed* over their guns.（反乱兵士はついに銃を手渡した。）

hand over＝give into someone else's control

pass＋away/for [as]/off/on/out/over/up

(33) His mother *passed* away last night.（彼の母は昨夜亡くなった。）

pass away＝die

(34) I could *pass* for [as] a girl, if I wore a dress like that.（そのようなドレスを着れば，私は女の子でとおるかもよ。）

pass for/as＝be considered as

(35) The festival *passed* off well with a lot of helpers at hand.（お祭りは大勢の助けがすぐに役立って，うまく行った。）

pass off＝take place and be completed

(36) He had to *pass* on the invitation to her birthday party.（彼は彼女の誕生日パーティへの招待を断らざるを得なかった。）

pass on＝not answer a question or invitation

(37) The little girl *passed* out when she saw the accident.（その少女はその事故を見て，気を失った。）

pass out＝faint

(38) I don't want to *pass* over his severe remark to me.（私への彼の痛烈なことばを大目にみたくない。）

pass over＝try to not notice or mention

注：not の位置については，p.71 コメント参照。

(39) You should not *pass* up the chance to go to the U.S.（あなたはアメリカへ行くチャンスを利用すべきだ。）

pass up＝miss

B. 変形操作の差

	give	present	exchange	hand	pass
1. 2重目的語	○			○	○
2. with 変形		○			

3．重主語			○		
4．再帰化		○			

1． 2重目的語：第3文型から第4文型に変える変形操作で，焦点の置き方は直接目的語と間接目的語のどちらの目的語が後ろに来るかによって，微妙に変わる。例えば，(40)では花束を「だれに」あげたかに，(40′)では彼女に「何」をあげたかに，焦点が置かれている。

give
(40) He *gave* a beautiful bouquet to her.（彼は彼女に美しい花束をあげた。）
(40′) He *gave* her a beautiful bouquet.
> 注：Goldberg (1995) によれば，動詞と2重目的語構文の間接目的語の間は密接で，(40′)は彼女に花束が実際に渡されている場合で，(40)はそうとは限らない。したがって，語用論的には，Ken gave Cathy a kiss.（ケンはキャシーにキスした）とは言えても，Ken gave a kiss to Cathy. とは言えないことになる。この種の密接性は次の慣用句にも当てはまる。すなわち，2重目的語構文の中には，次のように，〈give＋直接目的語＋to＋間接目的語〉のパターンを持たないものもある：He is smart, I *give you that*, but he is a little dishonest, too.（彼の頭が良いことは認めるが，少しずるいところもある。）/ I *give you the queen*, ladies.（ご婦人方，女王のために乾杯をしよう。）

(41) I *gave* this key back to the owner.（私はこの鍵をオーナーに返した。）
(41′) I *gave* the owner back this key.
(42) He *gave* a welcome party for me.（彼は私に歓迎会を開いてくれた。）
(42′) He *gave* me a welcome party.
> 注：与格構文（〈前置詞＋間接目的語〉を取る構文）の前置詞句に副詞 back の入ったもの(41)や，to ではなくて for の入ったもの(42)もある。

hand
(43) She *handed* some notebooks to her son.（彼女は息子に何冊かのノートを渡した。）
(43′) She *handed* her son some notebooks.

pass
(44) *Pass* the salt to me, please.（どうぞ，塩をまわしてください）
(44′) *Pass* me the salt, please.

2．with 変形：直接目的語が with を伴って文尾にくる変形操作である。

present

(45) She *presented* a bottle of whisky to him（彼女は彼にウィスキー1瓶を贈呈した。）

(45′) She *presented* him with a bottle of whisky.

3．重主語：均衡述語（2人/2つの動作主のうち，どちらでも主語になれるような構文を取る述語）の構文で，当事者2人ないし2物が重なって主語になる構文である。

exchange

(46) Allen *exchanged* ideas with Joe.（アレンはジョーと意見交換をした。）

(46′) Allen and Joe *exchanged* ideas.

4．再帰化：暗黙のうちに動作主が了解され，元の目的語が主語となり，その目的語が再帰化される構文である。

present

(47) I *presented* an explanation at the conference.（私は会議で説明した。）

(47′) An explanation *presented* itself at the conference.

6　交換関係

change, revise, switch, trade, exchange

共通意味：「かわ[え]る」

A. 連語関係の差

	change	revise	switch	trade	exchange
1. V	○			○	
2. V＋名詞句	○	○	○	○	○
3. V＋名詞句＋副詞/前置詞句	○ [for/into/to]		○ [around/for/to]	○ [for/in for/with]	○ [for/with]
4. V＋副詞/前置詞句	○ [around/into/over/up]	○ [for]	○ [off/on/over]	○ [down for/in/off/up to]	

◇意味の概略相違表

V ＼ SF	交換	両替	着替え	乗り換え	修正	改訂/校訂	復習	開閉	転換	貿易/通商	商売
change	B	A	A	A	B	C	—	—	C	—	—
revise	—	—	—	—	A	A	A(英国)	—	—	—	—
switch	A	C	C	B	—	C	—	A	A	—	C
trade	A	B	—	—	—	—	—	—	—	A	A
exchange	A	A	—	B	—	—	—	—	B	C	C

共通意味が「かわ[え]る」であるから，単独に目的語だけしか取っていない場合でも，何から何に「かわる」のかという起点と到着点が含意されている。この変化に評価を入れてみると，change は中立的で，プラスでもマイナスでもない変化である。revise は良い方向に「かわる」場合で，修正・強化のために「かえる」のである。switch はほとんど change と同じ意味と機能をもっているが，特に電線回路や軌道を「かえる」のに使う専門語である。trade は貿易，商売などの取引上，商品を「かえる」のに使う用語である。exchange も change とほぼ同じ機能を果たすが，exchange の方が A と B との双方からの対等の交換である。手紙・通信の交換などによく使われる。なお，exchange については，「授与関係」の exchange の項も参照。

1．V：5つの動詞のうち，同じ自動詞でも，revise と switch には必ずといってよいほど，副詞・前置詞句がついていて，単独には現れない。revise は「（試験のために）復習する」の意味で revise for の形で使われ，イギリス用法である。switch はイギリス用法に限定しないが，switch off/on/ over/ to 名詞句のように，必ず副詞・前置詞句と共に使われる（〈V＋副詞/前置詞句〉の項を参照）。例：You may walk across the road after the lights have *switched* to green.（信号が青に変わってから，道路を渡ってもよろしい。）なお，exchange の自動詞用法については，「授与関係」の同項を参照。

change
（1）　He has *changed* a lot since I last saw him.（彼は最後に見たときから随分と変った。）

trade
（2）　The company is *trading* under the name Harry Brothers.（会社はハリーブラザーズという店の名で交易している。）

2．V＋名詞句：5つの動詞全部にこの連語が存在するが，意味の微妙な違いについては冒頭の意味相違表と解説を参照。

change
（3）　I don't like him *changing* sides so often.（彼がちょくちょく立場を変えるのは好ましくない。）

revise
（4）　I have to *revise* my speech for the party.（パーティでの演説を修正しな

けらばならない。)

> コメント：for the party のところを at the party としても，意味的におかしくないように思えるが，ALT は後者だと，「パーティ会場に行ってから，演説をかえる」と取られて不都合が生ずるから，「パーティのための，パーティ用の」を意味する for the party の方が良いとした。

switch
（5） He suggested that we *switch* shifts for his sake. （彼は自分のために勤務時間を変えよと提案した。）

trade
（6） He is *trading* used cars in the Middle East. （彼は中東で中古車を売買している。）

exchange
（7） The English tavern is a place where people *exchange* ideas over a glass of beer. （イギリスの居酒屋は人々が一杯のビールを飲みながらアイデアを交換するところだ。）

3．V＋名詞句＋副詞/前置詞句：この連語関係で起こる副詞/前置詞句は通常の修飾語ではなく，必ずこの連語に必要なものである。

change＋名詞句＋for/into/to
（8） These shoes are too small. I'd like to *change* them for a bigger size. （この靴は小さ過ぎます。大きなサイズの靴に代えたいのですが。）
（9） Will you please *change* my dollars into euros? （ドルをユーロに替えていただけますか。）
（10） He *changed* his first name to Tony while he was staying in the U.S. （彼はアメリカ滞在中に，名をトニーに変えた。）

switch＋名詞句＋around/for/to
（11） It is really hard to *switch* neurosurgeons around in Japan. （日本では神経外科医を別の医者に替えるのはとても難しい。）
（12） He has recently *switched* his Toyota for a foreign car. （彼は最近自分のトヨタ車を外車に替えた。）
（13） She *switched* her vacuum cleaner to "mild." （彼女は電気掃除機を「マイルド」に切り替えた。）

trade＋名詞句＋for/in for/with

(14) He *traded* his precious book for a new dictionary.（彼は自分の貴重な本を新しい辞書と交換した。）
(15) He *traded* his old camera in for a new digital one.（彼は古いカメラを下取りにして，新しいデジタルカメラを購入した。）
(16) The Yankees *traded* pitchers with the Red Sox.（ヤンキースはレッド・ソックスと投手の交換をした。）

exchange＋名詞句＋for/with：「授与関係」の同項を参照。
(17) I *exchanged* two hundred dollars for pesos.（私は2百ドルをペソに替えた。）
(18) He *exchanged* meaningful glances with the girl.（彼はその女性と意味のある目配せを交わした。）

4．**V＋副詞/前置詞句**：連語によって生ずる慣用的意味は副詞/前置詞句を取り去ると消えてしまう。そのように必要欠くことのできないものである。
　exchange には必須要素としての〈V＋副詞/前置詞句〉の連語は現れてこない。思うに，この動詞の語彙意味として「交換」の双方が含まれているので，動詞だけで十分で，その関係を副詞/前置詞句で言い表す必要がないからであろう。

change＋around/into/over/up
(19) We have to *change* around lots of his books.（沢山の彼の蔵書を入れ替えなければなりません。）

　　　　　　change around＝move ... into different positions
　　　　　　　　コメント：アメリカ人の ALT はこの around を「おおよそ」と解釈した。はっきりとした数字のようなものが次に来ると，そのような誤解が生ずる心配がある。アメリカ英語を扱った辞書には出ていないところを見ると，イギリス英語らしい。

(20) You'd better *change* into a higher gear as you come out on the expressway.（高速道路に出たら，スピードを上げたほうがいいよ。）

　　　　　　change into＝put something into a different state
　　　　　　　　コメント：最初は You'd better *change* into top gear as you come out on the expressway. であった。「最高速ギア」の top gear はイギリス英語で，それをアメリカ英語の high gear と変えた。ALT は高速道路に入って，一気に最高速ギアに上げるわけではないので，a higher gear が良いとした。

(21) I would like to *change* over to a new computer next year.（来年に新しいコンピュータに換えたい。）

change over＝make a complete change

(22) I'll *change* up before I enter the expressway.（高速道路に入る前に，ギアをあげる。）

　　　change up＝shift
　　　　注：この change up はイギリス用法で，アメリカでは shift が使われる。

revise＋for

(23) I'll have to *revise* for my midterm test.（中間試験に備えて復習をしなければならないでしょう。）

　　　revise for＝review for
　　　　注：revise for はイギリス英語で，アメリカ英語では review for か study for になる。

switch＋off/on/over

(24) I *switched* off the burglar alarm by mistake.（私は間違って防犯ベルを切ってしまった。）

　　　switch off＝turn off

(25) Is it all right to *switch* on the tape recorder while you are talking with me?（お話中にテープを回してもよろしいですか。）

　　　switch on＝turn on

(26) I *switched* over to BS1 to hear the BBC news.（私は BBC ニュースを聞くために BS 1 にテレビを切り替えた。）

　　　switch over＝change completely
　　　　注：動詞 switch はよく電気器具に用い，同じ意味の turn（turn on/off）は水道・ガスにも用いる。

trade＋down for/in/off/up to

(27) My big car is burning too much gas, so I'm going to *trade* down for a new small fuel-efficient car.（私の大きな車はあまりにもガソリンを食うので，それを売って，新しい，小型の，燃費のよいのに替えるつもりだ。）

　　　trade down for＝buy an item of lower value by giving an old one

(28) I want to *trade* in tea with foreign countries.（私は外国とお茶の商いをしたい。）

　　　trade in＝buy and sell as your business

(29) We will *trade* off investment in new models for short-term gains.（短期利益を上げるために新しいモデル機への投資を取りやめよう。）

trade off＝balance a situation or quality against another

(30)　He sold his house his family had lived in and *traded* up to a larger one. （彼は家族が住んでいた家を売って，より大きな家を購入した。）

trade up to＝trade in something for a better one

B.　変形操作の差

	change	revise	switch	trade	exchange
1．2重目的語	○				
2．重主語	○		○	○	○
3．能格変化	○		○		

1.　**2重目的語**：いわゆる第3文型から第4文型に変える変形操作であるが，change のみにこの操作がある。しかし，それでも，ALT に抵抗感があり，辞書には載っているものの，あまり使われないようである。

change

(31)　He *changed* a hundred-dollar note for me. （彼は私に100ドル紙幣を崩してくれた。）

(31′)　He *changed* me a hundred-dollar note.

2.　**重主語**：いわゆる均衡述語が使われ，A 対 B が B 対 A の関係にあるものを A and B にする変形操作である。

change

(32)　He *changed* places with me. （彼は私と場所を換えてくれた。）

(32′)　We *changed* places.

switch

(33)　He *switched* caps with me on our commencement day. （卒業式の日に彼は私と帽子を交換した。）

(33′)　We *switched* caps on our commencement day.

trade

(34)　I *traded* seats with him in the theater. （劇場で彼と席を換わった。）

(34′)　We *traded* seats in the theater.

exchange

(35) I *exchanged* ideas with him about going abroad.（私は彼と外国行きについて意見を交わした。）

(35′) We *exchanged* ideas about going abroad.

3. **能格変化**：他動詞構文の目的語が自動詞構文の主語になる変形操作である。

change

(36) The professor suddenly *changed* the subject when he was talking about politics.（教授は政治の話をしていたとき，急に話題を変えた。）

(36′) The subject suddenly *changed* when the professor was talking about politics.

switch

(37) He *switched* his attention to the education of his children.（彼の関心は子どもたちの教育に方向転換した。）

(37′) His attention *switched* to the education of his children.

7　結果関係

become, fall, grow, get, develop

共通意味：「〜になる」

A. 連語関係の差

	become	fall	grow	get	develop
1．V		○	○		○
2．V＋不定詞句			○	○	
3．V＋V-ing句［補語］				○	
4．V＋名詞句	○［補語/目的語］	○［補語］	○［目的語］	○［目的語］	○［目的語］
5．V＋名詞句＋不定詞句				○	
6．V＋名詞句＋V-ing句				○	
7．V＋名詞句＋形容詞句				○	
8．V＋名詞句＋副詞/前置詞句				○［back/down/off/out/together］	

9．V＋形容詞句	○	○	○	○	
10．V＋副詞/前置詞句	○ [of]	○ [about/apart/for/into/on [upon]/out/to]	○ [apart/into/on/up]	○ [around/at/by/down to/in/off/on with/out/over/up]	

◇意味の概略相違表

V ＼ SF	状態	似合い/適合	落下/墜落	倒壊/陥落	成長/発展	習慣	動作受身	被害/迷惑	写真/現像
become	A	A	C	C	C	B	—	C	—
fall	B	C	A	A	—	B	—	C	—
grow	A	C	—	—	A	B	C	—	—
get	A	B	C	B	B	A	A	A	—
develop	C	C	—	—	A	C	C	—	A

　「～になる」の「～」の形態と意味がこの連語関係のキーポイントになる。一括説明は難しいから，それぞれの連語項目で説明することにする。

1．V：become と get は単独で現れることはない。他の動詞の意味にはそれぞれに「～になる」の様態・仕方が明示的に含まれているのに反し，become と get にはそれがはっきりと示されてないからだと思われる。すなわち，fall は下の方向に「なる」，grow は上の方向に「なる」，develop は密度が濃い方向に「なる」という具合である。それに対し，become は方向が中立的である。この点，get は become と似ているが，口語体でよく使われる。

fall
（1）　Darkness *fell* when we reached our destination.（目的地に着いたとき，暗くなった。）

grow

（2） I'm surprised to find that you've really *grown* since I last saw you.（最後に見たときからあなたがずいぶんと成長したのでビックリしています。）

develop

（3） Ethnic conflicts are *developing* in the Middle East.（中東では民族間の紛争が起きている。）

2．V＋不定詞句：〈grow to 〜〉の〜には be 動詞以外に like, love, hate, detest などの状態を表す感情動詞が多く来る。〈get to 〜〉と〈come to 〜〉は口語的で，〈learn to 〜〉（学んで次第に〜になる）よりは一般的な用法。

grow

（4） The children *grew* to like their stepmother after a while.（子どもたちはしばらくして継母が好きになった。）

get

（5） How can you *get* to be so rude?（どうしてそんなに無礼なことを言えるの。）

> コメント：can を did に代えることも出来る。ALT は無礼なことを言った人が目の前にいるときは，did を使う方が普通だというコメントをした。

3．V＋V-ing 句［補語］

get

（6） Let's *get* going, now that dinner is over.（食事が終わったから，さあ出かけましょう。）

> 注：get going は相手を急かしている意味合いがあるから，たとえば，タクシーの運転手さんに Let's get going. を使うと失礼に当たることもある。

4．V＋名詞句：後続の名詞句が補語と目的語の2つの機能を持つのは become だけである。例えば，「医師になる」は become a doctor［補語］となり，「服が似会う」は The dress becomes you.［目的語］となる。補語が，主語の結果を表すのは fall である。get も「〜になる」の意味でよく使われるが，名詞句は来ない。形容詞句なら，develop を除いて，4つの動詞全部と連語関係がある。〈V＋形容詞句〉を参照。

　なお，get については，取得関係の get も参照のこと。

become＋名詞句［補語/目的語］

(7) He *became* a baseball player as soon as he graduated from high school. (彼は高校を出るやいなや，プロの野球選手になった。)

> 注：「卒業する」は leave [finish] school, graduate from college [university], etc. 「入学する」は enter school, start school, enroll in school, etc.

(8) That hat doesn't *become* you, so you had better not take it on the trip. (その帽子は君に似合わないから，旅行にもって行かないほうがいいよ。)

fall＋名詞句［補語］

(9) In Madrid, he *fell* victim to three muggers, who took his wallet and credit card. (マドリッドで彼は3人の引ったくりに遭い，財布とクレジット・カードをとられた。)

grow＋名詞句［目的語］

(10) Recently quite a few people *grow* mustaches. (最近は口ひげを生やす人がかなりいる。)

get＋名詞句［目的語］：〈get＋名詞句（補語）〉で「〜になる」という意味にはならない。その場合は，〈become＋名詞句（補語）〉が使われる。

(11) That argument *got* me nowhere. (その議論ではなんの成果も出なかった。)

develop＋名詞句［目的語］

(12) Orienteering will help children *develop* a sense of direction. (オリエンテーリングは子どもたちの方向感覚を養うのに役立つ。)

5．V＋名詞句＋不定詞句：この連語が可能なのは get のみであるが，意味は使役的である。「取得関係」の get を参照。

get

(13) He is the only person who can *get* this machine to start. (彼はこの機械を動かすことの出来る唯一の人だ。)

6．V＋名詞句＋V-ing 句：この連語も get のみで，使役的である。5の連語の方が努力を伴う。「取得関係」の get を参照。

get

(14) I *got* the computer running again to see my e-mails from overseas. (海外からのEメールを見るために再びコンピュータを動かした。)

7．V＋名詞句＋形容詞句
get
(15) He *got* his new shoes wet and dirty in the rain. （彼は雨の中で，新しい靴をぬらして汚くしてしまった。）

8．V＋名詞句＋副詞/前置詞句
：目的語に当たる人・物が結果として「〜になる」場合で，get の使役的な機能との合作である。get「得る」の副詞/前置詞句との連語関係は「取得関係」を参照。

get＋名詞句＋back/down/off/out/together
(16) I *got* him back for the harm he had done me. （彼に私にした損害の仕返しをした。）
(17) The deep slump that the New York Yankees was in *got* him down. （ニューヨーク・ヤンキーズがひどく不振なので彼はがっかりしていた。）
(18) I'll *get* this letter off tomorrow, so it will reach you in a few days. （明日この手紙を郵送するから，2，3日中に着くでしょう。）
(19) I want to *get* my new book out by next month. （私の新しい本を来月までに出したい。）
(20) I *got* myself together after I consulted with you. （あなたに相談して，冷静を取り戻しました。）

注：この例文のように，目的語に再帰代名詞がくるか，または，非人称代名詞の it がくる。意味は同じ。

9．V＋形容詞句
：「〜になる」という共通意味から，あとに形容詞句が必ず来ると想定しがちであるが，develop のみこのパターンがない。develop はそのあとに〈〜 into 句〉が続いて，「〜になる」の意味を生かしている。

develop：
(21) My town *developed* into a big city with a population of 2 million in the late 20th century. （私の町は20世紀の後半に人口200万の大きな都市になった。）

なお，become, fall, grow, get の 4 動詞に続く形容詞はどんなものでもよいわけではなく，以下のように，ある程度限られている。：（「運動関係」の turn,「往来発着関係」の go と come を参照のこと。）
become と get：become は文語調で，get は口語調で会話によく用いられる。しか

し，get は次のような形容詞とは用いられない：available（利用できる），calm（穏やかな），clear（澄んだ），happy（幸せな），important（重要な），necessary（必要な），obvious（明白な），powerful（強力な），silent（静かな），successful（成功した），useful（役に立つ）。他方，get は clearer, happier, more famous, more important などの比較級とは結びつく。また，過去分詞形の annoyed（不快な），bored（退屈した），damaged（損害を受けた），lost（失った），broken（壊れた）などとも結びつく。(LDOCE, e-dict の become の項を参照。)

こうして動詞に後続する形容詞群を一瞥してみると，get は主観的要素が強く（従って，主語に人間がくるケースが多く），後続しない形容詞は主語に人間以外のものがくると，客観性をおびるものばかりである。それに反し，比較級などは他の人間と比較すると，主観性を帯びてくるし，過去分詞形はみな主観的な感情表現である。

fall：もともとの意味が「下に落ちる」だから，fall sick, ill（病気に），asleep（眠りに），in love（恋に），silent（沈黙に）など不可抗力のために，「やむを得ず，そういう状態になる」の意味を持つ。

grow：「〜に成長・退化していく」がもとの意味であるから，成長・退化過程を踏むような形容詞群が来る。例えば，grow old（年取る），tired（疲れた），uneasy（そわそわした），louder（より音が高い），worse（より悪い），larger（より大きい）など。

become
(22) He *became* rich when he was in his sixties.（彼は60歳代になって金持ちになった。)

fall
(23) My grandmother was boastful of her health, but finally she *fell* ill with flu.（祖母は健康を誇っていたが，ついにインフルエンザで病気になった。）

grow
(24) He *grew* old and seldom spoke of music he liked.（彼は歳を取って，好きな音楽のことを滅多に話さなくなった。）

get
(25) The days are *getting* longer and it never *gets* dark before 6 o'clock.（日が長くなって，6時前には日が暮れない。）

　　　　　　コメント：主語の The days は単数にしがちであるが，ALT は日の長さには広がりがあるので，複数でなければならないとした。

10．V＋副詞/前置詞句：通常の副詞/前置詞ではなくて，この連語の中で必要不可欠なものである。

become＋of

(26) What will *become* of him if his wife dies?（奥さんが亡くなったら，彼はどうなるだろう。）

    become of＝happen to

      注：しばしば「～になる」の～部分は悪い事態である。

fall＋about/apart/for/into/on [upon]/out/to

(27) He *fell* about laughing when he heard the story.（彼はその話を聞いて，（ゲラゲラ）笑い出した。）

    fall about＝lose control of oneself (with laughter)

      注：イギリス用法の口語体である。

(28) His married life was *falling* apart due to his cheating on his wife.（彼が奥さんをだましていたことで，彼の結婚生活は崩壊に瀕していた。）

    fall apart＝separate into small pieces

(29) I didn't believe he *fell* for the tricks, because they were out of the question.（そんなことは自明の理なので，彼がそのトリックに引っかかるなんて思わなかった。）

    fall for＝be deceived by

      注：fall for＝fall in love with（ほれる）という意味もある。例：He *fell* for her at first sight.（彼は彼女に一目ぼれした。）

(30) As soon as he had done with his speech, we *fell* into a discussion.（彼が演説を終えるやいなや，私たちは討論を始めた。）

    fall into＝begin

(31) Our pet's birthday *fell* on Friday the 13th last week.（私たちのペットの誕生日は先週の13日の金曜日だった。）

    fall on＝happen to be

      注：fall on＝suddenly attack（急襲する）もある。例：Our army *fell* on the enemy.（わが軍は敵を急襲した。）

(32) I *fell* out with him because we had contrary views of the government.（私たちは政府について正反対の見解をもっていたので，彼と言い争って仲たがいをしてしまった。）

    fall out＝quarrel

　　　　　注：fall out＝happen（起こる）もある。例：Let's wait and see what will *fall out* there.（そこで何が起こるか見てみよう。）

(33) It *fell* to me to take care of the homeless.（ホームレスの人々を世話するのが私の責務であった。）

　　　　　fall to＝be the duty of

grow＋apart/into/on/up

(34) Why have you *grown* apart from your wife?（どうして奥さんと仲たがいしたの。）

　　　　　grow apart from＝make less close relationship with

(35) This hat is too big. I'm afraid it will take some time for your boy to *grow* into it.（この帽子は大きすぎます。お子さんに丁度合うようになるには時間がかかるのではないですか。）

　　　　　grow into＝become big enough for

　　　　　　　注：grow into＝become used to（慣れる）もある。例：It will take some time for you to *grow* into the new job.（新しい仕事に慣れるにはいくらか時間がかかる。）

(36) The college he had entered began to *grow* on him.（入学した大学が彼に次第に気に入ってきた。）

　　　　　grow on＝become gradually more pleasing to

　　　　　　　注：grow on の主語は人以外の物で，on のあとに人がくる。

(37) He *grew* up in Nagoya and became a businessman.（彼は名古屋で成長し，実業家になった。）

　　　　　grow up＝develop from a primary stage to a more advanced one

　　　　　　　注：up は完成，終結，発展を表すから，grow up は「成人する」ことを含意している。したがって，成人に達していないのに grow up を使うとおかしくなって，次の文は非文となる：*He grew up in Nagoya until he was ten years old. 同様に，bring up にもこれは当てはまり，*He was brought up by his aunt until he was ten years old. は非文となる。

get＋around/at/by/down to/in/off/on with/out/over/up：「取得関係」の get も参照。

(38) I've had hectic days and I never *got* around to writing to you.（忙しい日が続いて，なかなかあなたに手紙が書けませんでした。）

　　　　　get around to＝find a way to deal with

　　　　　　　コメント：この文について，ALT と我々スタッフの間でやり取りがあった。「忙しい

日が続いて手紙が書けなかった」のだから，I never got around ... のところも現在完了形にすべきではないかと主張したのだが，状況次第では可能だが(電話でまだ手紙を出してないことを告げる場合)，通常は I never got around ... は「忙しい日々」の中の一日だから，過去形だということであった。

(39) I'm afraid I can't sleep at all until I *get* at the truth. (その真実を理解するまでは少しも眠れないような気がします。)
   get at＝find

(40) His family could *get* by on a small amount of his salary. (彼の家族は彼の少ないサラリーで生活することができた。)
   get by＝have enough money for one's needs

(41) When his scholarship was confirmed, he could *get* down to studying. (奨学金が確実になって，彼は本腰を入れて勉強に取り掛かることができた。)
   get down to＝begin to give serious attention to

(42) Our flight has *got* in so late that I can't get to your house in time. (飛行機の到着がとても遅れたので，時間通りにお宅に着けません。)
   get in＝arrive

(43) He *got* off with a small fine, because he accidentally got into a no-entry zone. (偶然に進入禁止地域に入り込んでしまったので，小額の罰金で釈放された。)
   get off＝escape punishment
    注：get off＝start a journey (旅行に出る) もある。例：His family will *get* off early tomorrow morning. (彼の家族は明日早く旅行に出る。) また，get off＝leave work with permission (終業する) 例：I will *get* off at 5 o'clock, so come and meet me here at 5 : 30. (5時に仕事が終わるから，5時半にここに迎えに来て。)

(44) Bill *got* on with his study and accomplished his thesis. (ビルは勉強をつづけて，論文を書き上げた。)
   get on with＝continue after interruption

(45) When the news *got* out that a Japanese soldier was found in the Philippines, all the Japanese people were very surprised. (日本兵がフィリピンで発見されたというニュースが知れたとき，日本人はみなビックリした。)
   get out＝become known

(46) He at last *got* over the shock of his broken heart.（彼はやっと失恋のショックから立ち直った。）
   get over＝return to one's usual state of mind from ～
(47) He *gets* up early in the morning and goes out jogging for an hour.（彼は朝早くおきて，1時間ジョギングに出かける。）
   get up＝rise up from bed

B. 変形操作の差

	become	fall	grow	get	develop
1．2重目的語				○	
2．能格変化			○		○
3．起点/目標入れ替え		○	○		○
4．受動態			○	○	○
5．主語結果叙述		○	○		

1.　**2重目的語**：第3文型〈V＋直接目的語＋for 間接目的語〉から第4文型〈V＋間接目的語＋直接目的語〉に変える変形操作。間接目的語は受益者を表すので，前置詞は for.
get：この変形は get のみであるが，厳密には，この get は「取得関係」の get である。その項を参照。
(48) I will *get* something to eat for you.（あなたに何か食べるものを持ってきてあげよう。）
(48′) I will *get* you something to eat.

2.　**能格変化**：他動詞構文の目的語が自動詞構文の主語になる変形操作。
grow
(49) We *grow* vegetables in the garden.（庭で野菜を栽培する。）
(49′) Vegetables *grow* in the garden.
develop

(50)　He *developed* his own business in Tokyo.（彼は東京で自分の事業を発展させた。）
(50′)　His own business *developed* in Tokyo.

3．起点/目標入れ替え：構文上，前置詞の目的語の位置にある物事を発生(起点)する人・物が，主語の位置に移り，同時に元の主語の位置にあった目標の名詞句が前置詞の目的語の位置に移る変形操作。

fall
(51)　A deep sleep *fell* on him.（深い眠りが彼を襲った。）
(51′)　He *fell* into a deep sleep.

grow
(52)　Love sometimes *grows* from friendship.（愛はしばしば友情から育つ。）
(52′)　Friendship sometimes *grows* into love.

develop
(53)　Love sometimes *develops* from friendship.（愛はしばしば友情から発達する。）
(53′)　Friendship sometimes *develops* into love.

4．受動態：能動文から受動文に変える変形操作。

grow
(54)　He grew many flowers.（彼は花を多く栽培した。）
(54′)　Many flowers were grown by him.

get
(55)　Somebody shot him in the battle.（戦場で彼は撃たれた。）
(55′)　He got shot in the battle.
　　　　注：〈be＋過去分詞形〉と比べて，〈get＋過去分詞形〉は主語の動作の受身を表し，一方的な受身ではなく，自らその事態に関係するという意味合いがある。(55)の場合は，He は兵士と考えられ，自ら戦場に赴いて撃たれたのである。

develop
(56)　He *developed* his argument in the following semester.（彼は次の学期で彼の理論を展開した。）
(56′)　His argument was *developed* in the following semester.

5．主語結果叙述：2つの文のうち，「結果」を表す叙述語を不完全自動詞の補語のようにして，1つの文に纏め上げる変形操作。
fall
(57)　He *fell* and was senseless.（彼は倒れて，意識がなかった。）
(57′)　He *fell* senseless.
grow
(58)　The tree *grew* and was fruitless.（その木は生長して，実がならなかった。）
(58′)　The tree *grew* fruitless.

8.1 発話関係(1)

say, speak, talk, tell

共通意味:「言う,話す」

A. 連語関係の差

	say	speak	talk	tell
1. V	○	○	○	○
2. V+節	○ [that 節/wh-節]			○ [that 節/wh-節]
3. V+不定詞句	○			
4. V+名詞句	○	○	○	○
5. +名詞句+名詞句				○
6. V+名詞句+節				○ [that 節/wh-節]
7. V+名詞句+不定詞句				○
8. V+名詞句+副詞/前置詞句			○ [into/out of]	○ [apart/from/off]
9. V+副詞/前置詞句		○[for/out/to/up]	○ [down/over/with]	○ [of]

◇意味の概略相違表

V \ SF	発話/言語	提案	理解	噂	命令	演説	表情	執筆	説得	相談/会談
say	A	B	C	B	A	B	B	C	C	C
speak	A	C	C	B	C	A	A	B	B	B
talk	B	C	B	A	C	A	B	B	A	A
tell	C	A	A	B	A	B	B	B	A	A

　say，speak，talk はともに発話する動作を表すが，say は発話そのものを暗示している。他動詞用法では，しばしば目的語に引用符のついた直接話法がくる。3者とも「話しをする」相手は〈前置詞＋名詞句［人］〉の形をとる。また，他動詞構文では人を直接目的語に取らない。say と speak が「話し手」のみを指向するのに対して，talk は，「話し手」と「聞き手」双方のコミュニケーションを指向する動詞である。従って，We are saying/speaking. はただ発話しているだけで，対話を想定してないのに対し，We are talking. は互いの対話を想定している。他方，tell は直接的な発話ではなくて，発話の内容を告げる伝達動詞としての働きをし，間接目的語に人が来る。

　さらに詳しくは，個々の連語を参照。

1．V：単独に動詞のみで用いられる自動詞用法は4つの動詞に存在するが，「発話関係」としては，say, speak, talk のみで，tell は「利く，理解する」の意味でのみ，この形がある。

say

(1) You seem to have something to say on the matter, but do as I *say*. (この件について何か言いたいことがあるようだが，私の言う通りにしなさい。)

> コメント：最初の say は他動詞である。「言いたいことがある」は have your say という表現もあるが，それを用いて，You seem to have your say. とは言えない。なぜなら，have your say＝express your opinion で，動作を表し，状態を表す seem to ... の中には入れないからである。

speak

(2) When the laundry machine was switched on, it suddenly began to *speak*.

（洗濯機の電源が入れられると，その洗濯機は突然言葉を話し始めた。）

talk
（3） In general, girls like to *talk* and verbally reason, and boys like to be more physically active in school.（一般的に，学校において女の子はおしゃべりで言葉で結論付けたがるものだが，男の子は体で行動することを好む。）

tell：ただし，意味は「発話」に関してではない。
（4） He had been working under much stress for the past week, and it started to *tell*.（彼は1週間すごいストレスのもとで働いてきて，その影響が出始めた。）

> 注：上例は「利く」の場合で，「理解する」のときは普通 can/be able to を伴う。例："Do you think it will rain tomorrow?" "Who can *tell*?"（「明日雨が降ると思う？」「分るもんか。」）

2．**V＋節**： that 節の内容について，say と tell は主語によって語られた内容ではあるが，say では，主語の話した内容をそのまま伝えているのに対して，他方，tell では話された内容の要旨が伝えられている。このことより，(5)の文では，Linda said, "I will buy a new computer when I have enough money." と直接話法に書き換えが可能であるが，(7)では，それが許されない。また，say that ... の that は省略可能である。

say＋節 [that 節/wh-節]
（5） Linda *said* she would buy a new computer when she had enough money.（リンダは十分なお金が入ったら新しいコンピュータを買うと言った。）

> 注：上例のように，say that 〜の場合は，口語体で，よく that を省く。

（6） I find it hard to *say* who is responsible for the accident.（その事故の責任はだれにあるのか言うのは難しいと思う。）

> コメント：この文の最初の部分，I find it hard to 〜は I find it is hard to 〜とすることもできる。しかし ALT によると，think の場合には think it hard to 〜より think it is hard to 〜のほうがよく，また that 節の that を省略し，it's としたほうがさらによいとした。I think it's hard to 〜がもっとも好まれることになる。

tell＋節 [that 節/wh-節]：「発話関係」ではなく，「理解する」の意味の場合。
（7） Meg could *tell* that her friend needed much money.（メグは友が多額のお金を必要としていることが分った。）
（8） I can't *tell* which is yours and which is mine.（どっちがあなたので，

どっちが私のか区別つきません。)

3．V＋不定詞句

say：この不定詞句は発話の内容が命令である場合に用いられ，アメリカ英語でよく見られる。

(9) Dr. Ferris *said* to not let anybody in during an operation.（フェリス博士は，手術中は誰も入れさせないよう言った。）

> コメント：学校文法では，not to let anybody〜を使わせているが，英・米人ともto not let anybody〜と修正する。Martin Cutts：*The Plain English Guide* (1995) の登場によって，保守的な英国でさえ，この用法を正用と認めた。なお, not と anybody をひとつにして nobody としても良さそうだが, 目的語の nobody は英・米人とも嫌った。

4．V＋名詞句：意味と用法については，すでに冒頭で述べたが，微妙な違いとしては，say のあとに目的語をとる場合，その語は word, name, something など，言葉にすれば一言程度のものが多い。それに対して，tell の目的語には，story, lie のような比較的まとまりのある内容を指す語が来る。speak の後には，English, Spanish など特定の言語名が来るのが一般的である。talk は speak と非常に似ているが，talk の方が小規模な相手に対し話し，speak の方は大規模な相手に対し話す。また，talk の〈V＋名詞句〉の文も存在するが，使用頻度としては sense (道理), rubbish (たわごと), nonsense (馬鹿げたこと) など名詞句は比較的数が少ない。Cf. The Australian stopped trying to *talk* (in) a pidgin I could understand.（あのオーストラリア人は私の分る混合語で話そうとするのをやめた。）

say

(10) She never *said* a word but at times smiled at me.（彼女は何も言わずに時々私にむかって微笑んだ。）

speak

(11) Harry learned to *speak* a new language in a few weeks.（ハリーは数週間で新しい言語を話すようになった。）

talk

(12) He used to *talk* nonsense when he was young.（彼は若い頃，よく馬鹿なことを言ったもんだ。）

tell
(13)　Have you ever *told* a lie in front of your child?（あなたはこれまでに子どもの前でウソをついたことがありますか。）

5．V＋名詞句＋名詞句：唯一 tell のあとに起こる。「変形操作の差」の 2 重目的語を参照。
tell
(14)　My uncle *told* me a story that I have never forgotten until now.（叔父は私が今まで忘れない話をしてくれた。）

6．V＋名詞句＋節：名詞句のところによく人を表す語句が来る。
tell＋名詞句＋節 [that 節/wh-節]
(15)　John *told* me that he had been looking for me.（ジョンは私を捜していたのだと言った。）
(16)　John couldn't meet Prof. Einstein since nobody had *told* him where his office was.（誰もどこにアインシュタイン教授のオフィスがあるのかを教えてくれなかったので，ジョンは教授に会うことができなかった。）

7．V＋名詞句＋不定詞句：人を目的語に取れるのは tell だけであるから，6 と同様，この連語は tell のみに現れ，命令文の間接話法となる。従って，(17)は直接話法の(17′)と同じ内容になる。
tell
(17)　The teacher *told* the pupils to raise their hands when they found the answer.（先生は生徒に答えが分かったら手を挙げるように言った。）
(17′)　The teacher said to the pupils, "Raise your hands when you find the answer."

8．V＋名詞句＋副詞/前置詞句：この副詞/前置詞句は他のものと置換可能のものではなく，この連語に必要なもので，成句をなしている。
talk＋名詞句＋into/out of
(18)　A friend of mine *talked* me into making my own website for my genealogy.（友人は私の家系に関するウエブサイトを作るよう私を口説いた。）

(19) Dennis *talked* her out of canceling the nuptials.（デニスは彼女に婚姻の取り消しをしないように説得した。）

tell＋名詞句＋apart/from/off

(20) The twins are not so similar as I can't *tell* them apart.（その双子は区別が出来ないほど似てはいない。）

(21) It is not easy to *tell* tourists from locals in this city.（この町では旅行者と地元の人とを区別するのは容易でない。）

(22) The teacher *told* her off for being late for the lesson that day.（先生はその日の授業に遅れてきたことで彼女をきつく叱った。）

> コメント：ALT に that day と on the day とを比較してもらった。that day は単独で使えるが，on the day は何の日かをはっきりさせる修飾語が必要だとし，on the day of his death（彼が死んだ日）とか on the day when the fire broke out（火事が起こった日）のような例を示した。

9．**V＋副詞/前置詞句**：いわゆる成句と呼ばれているもので，切り離し不可能なもの。

speak＋for/out/to/up：アメリカ英語とイギリス英語で微妙な連語関係の差がある。アメリカ英語では speak with というところをイギリス英語では speak to と言う。例えば，電話をかけて，「ジョンに話したいのですが。」をいうとき，"Can I speak with/to John please?" のどちらでも使えるわけである。ただし，下記の(25)の場合は speak to のみである。

(23) Mr. Smith, *speaking* for the participants, started the meeting.（スミス氏は参加者の気持ちを代弁して，会を始めた。）

> speak for＝express the feelings of
>
> 注：speak for yourself という熟語があって，これは「あなただけの意見ですよ」（＝that is your opinion, not ours）といった意味になる。例．"That was a boring meeting." "*Speak* for yourself."（「あれは退屈な会だった。」「あなたの意見ですけれ。」）

(24) We *spoke* out against the new amendment to the constitution.（我々は憲法の新しい改正案に反対を唱えた。）

> speak out＝speak bravely and openly

(25) He came home late again. You have to *speak* to him.（彼はまた家におそく帰ってきた。きつく言わなければね。）

> speak to＝severely talk to

注：これは婉曲語法で，遠まわしの言い方である。通常は「話しかける」の意味でよく使われる。

(26) I told the boy to *speak* up, because I could not hear him well.（その子にもっと大きな声で話せといった。言うことがよく聞こえなかったからだ。）

    speak up＝speak more loudly

talk＋down/over/with

(27) The two gentlemen *talked* down the girl who was going to jump off the bridge.（二人の紳士が橋から身投げしようとしていた娘を説得して思いとどまらせた。）

    talk down＝persuade to be more calm
     注：アメリカ英語で口語体。

(28) George and I *talked* over the issue for hours last night.（昨夜，ジョージと私はその問題について何時間も話し合った。）

    talk over＝speak about thoroughly

(29) The doctor can *talk* with you about why the treatment might be causing side effects.（医者はなぜその治療が副作用を引き起こすのかについて話してくれます。）

    talk with＝speak with

tell＋of

(30) This song *tells* of an early American tragedy of the treatment of Native Americans.（その歌は，ネイティブアメリカンが冷遇された植民地時代の悲劇について語っている。）

    tell of＝mention
     コメント：この場合，about が使えそうであるが，ALT のアメリカ人もイギリス人も about の使用は不可とした。ただし，主語が人間の場合は，talk about も OK とした。

B. 変形操作の差

	say	speak	talk	tell
1．重主語		○	○	
2．2重目的語				○
3．受動態	○	○		○

1. **重主語**：主語と目的語（前置詞のも含む）の当事者と相手側が共に主語の位置に来て，重なって主語になる構文。
speak/talk
(31)　John *spoke/talked* with Yoko.（ジョンはヨーコと話をした。）
(31′)　John and Yoko *spoke/talked*.（同上）
　　　　　　注：この変形は，speak と talk に見られ，ともに「話をする」という自動詞として用いられている。また，この変形には，以下のような together を入れた変形操作も可能である。
　　　　　　(32)　John and Yoko *spoke/talked* together.
　　　　　　　　なお，say を使って，John said with Yoko./John and Yoko said./John and Yoko said together. の表現はない。

2. **2重目的語**：いわゆる第3文型から第4文型に変える変形操作である。
tell
(33)　Harry *told* a funny story to me.（ハリーは私におかしな話をしてくれた。）
(33′)　Harry *told* me a funny story.

3. **受動態**：能動文の目的語を主語にした受動文を作る変形操作である。
say
(34)　They *say* that they will go on strike again.（彼らは再びストライキをやるそうだ。）
(34′)　It is *said* that they will go on strike again.
　　　　　　注：「物語，手紙などが〜と言っている，述べている」の The story/letter *says* 〜は受身形ができない。
speak
(35)　They *speak* a strange language on the island.（あの島の人は奇妙な言語を話している。）
(35′)　A strange language is *spoken* on the island.
tell
(36)　A funny story was *told* to me by Harry.　Cf.（33）
(36′)　I was *told* a funny story by Harry.　Cf.（33′）
　　　　　　注：目的語を取る動詞は原則として，受動文を作ることが出来るが，They talked

business.（彼らは真面目な話をした。）や They talked shop.（彼らは場違いの仕事の話をした。）のような目的語の受動文は不可能である。なぜなら，冠詞等がつかないで，副詞的な働きをしているからである。なお，「連語関係の差」の 4 の解説参照。

8.2　発話関係(2)

name, call, nominate, appoint

共通意味：「名をつける」

A.　連語関係の差

	name	call	nominate	appoint
1．V		○		
2．V＋名詞句	○	○		
3．V＋名詞句＋名詞句	○ [補語]	○ [補語/目的語]		
4．V＋名詞句＋不定詞句			○	○
5．V＋名詞句＋形容詞句		○		
6．V＋名詞句＋副詞/前置詞句	[after/as/for/to]	[in/into/off/up]	[as/for]	[as/to]
7．V＋副詞/前置詞句		[back/down/for/forth/in/out/up]		

◇意味の概略相違表

SF\V	命令	指名/任命	価格/日時	電話	訪問	招集	起床	試合中止	要求/要望	推薦
name	A	B	B	—	—	C	—	—	—	C
call	B	B	B	A	B	A	B	B	B	C

| nominate | — | A | A | — | — | C | — | — | — | A |
| appoint | — | A | A | — | — | B | — | — | — | C |

　nameとcallの決定的な差は，前者が「命名する」という行為を発話と同時に行うことで，このため遂行動詞と呼ばれている。それに反し，後者は発話の対象を直接口に表すもので，readに似ている。もし，(4)でnameを使えば，roll (出席簿) に名前をつけることになる。さらに，nameのもつ命名行為から，すでに付けられた名を思い出すという意味も派生して，(3)の文を可能にしている。nominateとappointの性質は2の解説を参照。

1．**V**：callには「発声する」の意味もあり，自動詞用法が可能である。他の動詞，name, nominate, appointは名をつけたり，名を指定したりする意味関係のみであるから，対象の目的語が必要になり，他動詞用法のみとなる。
call
(1)　Mother *called* up the stairs, "Dinner is ready." (お母さんが階上に向かって「ご飯ですよ。」と呼んだ。)

2．**V＋名詞句**：nameとcallの意味上の違いは冒頭の解説どおり。nominateとappointは「指定した名をつける」から，指名・任命の意味があり，文脈によって判別できるとき以外は，目的語とそのあとに指名・任命を表す前置詞句が必ず続く。従って，単独の目的語を取る連語はない。
name
(2)　We haven't *named* our new baby boy yet. (まだ生まれたばかりの男の子に名をつけていない。)
(3)　You can't *name* all the lakes in Hokkaido, can you? (北海道のすべての湖の名を言えないでしょう。)
call
(4)　The teacher used to *call* the roll in the first lesson every day. (先生は毎日一時間目に出欠を取ったものだ。)

3．**V＋名詞句＋名詞句**：指名・任命の役職の位置は〈V＋名詞句＋名詞句〉の第

2名詞句の場合と，前置詞句の場合がある。name, call のときが前者で，nominate, appoint のときが後者である。その理由として考えられるのは，前者は口に出しての直接的・間接的の発声が伴い，この種の連語には主体的な感情移入があることである，と Goldberg（1995）は述べている。それに反し，後者はそれがなく，客観的に文字化したものである。

name＋名詞句＋名詞句 [補語]

（5） My father *named* me Taro, which is a typical name in Japan.（父は私に太郎という名を付けた。それは日本で典型的な名である。）

call＋名詞句＋名詞句 [補語／目的語]

（6） The police *called* them stickup artists, but they were not artists in the true sense.（警察は彼らをピストル芸術家（強盗）と呼んだが，真の意味で芸術家ではなかった。）

> 注：in the true sense のあとに of the word が隠されている。「その言葉の正しい意味で」という意味である。LDOCE には It's an amateur sport in the true sense of the word.（それは正しい意味でのアマチュア・スポーツではない。）の例文がある。

（7） When you are ready to go, I'll *call* you a taxi.（出かける用意ができたら，タクシーを呼びます。）

> 注：（6）の stickup artists は補語であり，them＝stickup artists が成立する。（7）の a taxi は目的語であり，I'll *call* a taxi for you と言い換えられる。（32）参照。

4．V＋名詞句＋不定詞句：name と call がこの連語を取るのは稀で，通常は受身形になる。「変形操作の差」の1の解説を参照。

nominate

（8） We have to *nominate* someone to represent us at the conference.（会議で我々を代表してもらうよう誰かを指名しなければならない。）

appoint

（9） The Japanese government *appointed* some business managers to negotiate the matter with the United States.（日本政府は数人のビジネス経営者を指名してアメリカとその事柄を交渉させた。）

5．V＋名詞句＋形容詞句：この連語は call にしかない。

call

(10)　I was offended whenever he *called* me lazy.（彼が私のことを怠け者というたびに私はむかついた。）

6．V＋名詞句＋副詞/前置詞句：ここに現れる副詞/前置詞句は，この連語に必要欠くべからざるもので，削除可能のものではない。

name＋名詞句＋after/as/for/to

(11)　The governor *named* the street after/for the famous President of the United States.（知事はその街路の名を有名なアメリカ大統領の名にちなんで付けた。）

(12)　The manager *named* him as/for the new team coach.（監督は彼を新しいチームのコーチに指名した。）

(13)　Mr. Smith was *named* to the selection committee by the chairman.（議長によってスミス氏は選考委員に指名された。）

　　　　　　注：アメリカ英語で，受身形で使われる場合が多い。

call＋名詞句＋in/into/off/up

(14)　We had better *call* the doctor in at once, now that she has become unconscious.（彼女が意識をうしなった。医者をすぐに呼んだほうがいい。）

(15)　We *called* his honesty into question.（彼の正直さに疑問符をつけた。）

(16)　The umpire *called* the game off, as it began to rain hard.（審判は雨が激しく降ってきたので，試合を中止した。）

(17)　He *called* me up every evening and told me nothing but his complaints.（彼は毎晩電話をかけてきて，愚痴ばかり話した。）

　　　　　　注：これはアメリカ英語でよく使われる。意味はこのほかに「徴兵する」（＝draft）もある。例：Mr. Smith was *called* up last year.（スミス氏は昨年徴兵された。）

nominate＋名詞句＋as/for

(18)　Bush *nominated* Rice as Secretary of State in the beginning of 2005.（2005年の年頭，ブッシュはライスを国務長官に指名した。）

(19)　The teachers *nominated* candidates for the attendance award.（先生たちは皆勤賞候補を指名した。）

appoint＋名詞句＋as/to

(20)　The president *appointed* him as chairman of the conference.（会長は彼を会議の議長に任命した。）

(21)　It would be out of the question to *appoint* him to this task.（彼をこの任

務に指名することは問題外だ。)

7. V＋副詞/前置詞句：成句として一体化している。
call＋back/down/for/forth/in/on/up
(22) "I'm up to my neck in work now. I'll *call* back later," he said on the phone. (「今仕事で手が空かないのだ。あとで電話するよ」と彼は電話の中で言った。)
   call back＝return a telephone call
(23) He *called* down the holy revenge on the classmates who abused him. (彼に乱暴を働くクラスメートに神の復讐が下るよう彼は祈った。)
   call down＝pray loudly that something will happen
    注：文語体で、もったいぶった言い方。
(24) He *called* for a policeman when he had his wallet stolen on the street. (通りで財布を盗まれたとき、彼は警官を大声で呼んだ。)
   call for＝demand
(25) His criticism on dictatorship *called* forth strong protests from some countries in Asia. (彼の独裁制度批判によって、アジアの一部の国々から強い抗議の声が上がった。)
   call forth＝produce (a particular reaction)
(26) The car maker *called* in its main cars with serious faults. (その自動車メーカーは重大な欠陥のある主要な車の返却を求めた。)
   call in＝request the return of
(27) The couple *called* on him to give them advice on their divorce. (その夫婦は彼に離婚についてアドバイスを求めた。)
   call on＝ask to do something
    注：call on＝pay a short visit to (立ち寄る) の意味もあり、人が続く。例：I'll *call* on him on my way home (帰りに彼を訪ねよう。) 建物、場所などには call at とする。例：I'll *call* at his house on my way home. (帰りに彼の家を訪ねよう。) 更に、call on ＝ need to use (使わざるを得ない) の意味も存在する。例：I have to *call* on all my efforts to carry out the project. (その計画を実行するためには全ての努力を傾けなければならない。)
(28) It was really hard to *call* up information on the website of that company. (その会社のホームページの情報を呼び出すのは本当に難しかった。)
   call up＝bring back

B. 変形操作の差

	name	call	nominate	appoint
1. 不定詞つき受動態		○	○	○
2. 2重目的語		○		

1. **不定詞つき受動態**：「連語関係の差」の4，〈V＋名詞句＋不定詞句〉の名詞句を主語にした受動文に変える変形操作である。name と call はこの種の能動文は稀にしか見られない（古文には存在する）。いつも受動文で使われる。name にいたっては，受動文も稀である。

call
(29) He was *called* to explain to them what he was involved in. （彼は自分が関与した事柄を彼らに説明するよう要求された。）

nominate
(30) They *nominated* him to run for President. （彼は大統領候補に指名された。）
(30′) He was nominated to run for President.

appoint
(31) ＝(9) The Japanese government *appointed* some business managers to negotiate the matter with the United States. （日本政府は数人のビジネス経営者を指名してアメリカとその事柄を交渉させた。）
(31′) Some business managers were *appointed* to negotiate the matter with the United States.

2. **2重目的語**：いわゆる第3文型から第4文型に変える変形操作である。(32′)には「彼をタクシーと呼んだ」という意味も条件次第では可能である。その時は a taxi が補語になった第5文型である。

call
(32) I called a taxi for him. （彼にタクシーを呼んであげた。）
(32′) I called him a taxi.
　　　　　注：name, nominate, appoint に2重目的語構文があるとして，

Levin (1993 : 181-2) は次の例文を挙げている。
(33) The captain *named* the ship Seafarer.（キャプテンはその船に「海行く人」と名付けた。）
(34) The president *appointed* / *nominated* Smith press secretary.（大統領はスミスを報道担当官に任命した。）

しかし，辞書によっては2番目の名詞句を補語扱いにしているものもあり，決定的ではない。しかも，次の，基底文と考えられている文は非文である。(*印は非文を表す)従って，(33)と(34)は第5文型と考えた方が無難である。

(33′) *The captain *named* Seafarer to the ship.
(34′) *The president *appointed* / *nominated* press secretary to Smith.

8.3　発話関係(3)

cry, exclaim, scream, shout, yell

共通意味：「叫ぶ」

A．連語関係

	cry	exclaim	scream	shout	yell
1．V	○	○	○	○	○
2．V+節	○ [that 節]	○ [that 節/wh-節]	○ [that 節]	○ [that 節]	○ [that 節]
3．V+不定詞句[副詞的用法]	○		○	○	○
4．V+名詞句	○[副詞的用法]		○[副詞的用法]	○[目的語]	○[目的語]
5．V+名詞句+形容詞句[結果叙述語]			○	○	
6．V+名詞句+副詞/前置詞句	○ [out/to]		○ [at/off]	○ [at/from]	○ [at]
7．V+副詞/前置詞句	○ [off/out]			○ [down/out]	

◇意味の概略相違表

V \ SF	大声	泣き声	要望	ときの声	興奮	反対/非難	驚き/金切り声	喜び声
cry	B	A	A	A	B	C	C	—
exclaim	C	—	C	B	A	B	A	C
scream	A	C	A	—	B	C	A	B
shout	A	C	B	B	A	B	C	A
yell	A	—	B	B	B	B	B	B

　「大きな声で言う」という意味では５つの動詞とも同質である。しかし，その程度には微妙な差がある。この中で，cry は一般的な動詞であるが，「泣く」という意味以外は他動詞扱いで，必ず目的語が名詞/that 節/直接引用節の形でつづく。その他の４動詞は「叫ぶ」の意味をもち，自動詞扱いでも多用される。exclaim は激しい感情を込めて発話されるが，それ自体は中立で，様態副詞句の in horror/shock/delight（驚愕して/ショックで/喜んで）がついて，その感情が何であるか分る。唯一 wh-節がつくことからも，感嘆文要素を持っている。scream, shout, yell はほぼ同じように用いられるが，scream は金切り声をあげて，自分の気持ちがコントロールできない状態である。shout は相手がちゃんと聞いていることを確かめて「大声を出す」場合で，yell はその口語的な使い方である。
　いずれも，「大声を出して」相手に何かを伝えるのが目的で，典型的な伝達動詞 say と同じように，直接話法も間接話法もとれる。

1．V・exclaim, scream, shout, yell は「叫ぶ」の意で，自動詞扱いだが，cry は「泣く」の意でのみ，自動詞扱い。LDELC によれば，英語社会では，女性が cry することは認められているものの，男性は公認されていない。したがって，男性が cry する場合は，人の死のような重大な事態が起こったことを予想する。少年が cry すると，非難され，crybaby（泣き虫）と言われる。

cry
（１）　When the baby began to *cry*, all the others followed him.（その赤ちゃんが泣き始めたら，あとのものもみんな泣いてしまった。）

exclaim

（２） *Exclaiming* in surprise, she said, "What a shame it was!"（驚いて叫びながら，「なんという恥さらし」と彼女は言った。）

scream

（３） The passengers *screamed* when a bomb exploded in the train.（列車の中で爆弾が破裂したとき，乗客は悲鳴を挙げた。）

shout

（４） You don't have to *shout*. I can hear you just fine.（怒鳴る必要はないよ。大丈夫聞こえているから。）

> コメント：ALTによれば，I can hear you all right も使えるが，just fine の方がアメリカでは自然のようである。

yell

（５） He opened the door and *yelled* at the top of his voice.（彼はドアーをあけて，大声で叫んだ。）

2.　V＋節：伝達動詞なので，that 節や wh-節は間接話法になる。exclaim のみ間接感嘆文を目的語に取れるが，これは相手に働きかける名詞の目的語を取れない事情と関連する。3と4の項を参照。

cry＋節［that 節］

（６） He *cried*（out）that she was to blame for the great loss.（大きな損失の責任は彼女にあると彼は叫んだ。）

exclaim＋節［that 節/wh-節］

（７） She *exclaimed* that he must be her Daddy-Long-Legs.（彼女は彼が彼女のあしながおじさんにちがいないと叫んだ。）

（８） He *exclaimed* how miserable he was.（彼は自分がなんと惨めなのだと叫んだ。）

scream＋節［that 節］

（９） From downstairs she *screamed* that the children should go up the steps one by one.（階下から彼女は子供たちに階段を一段ずつ登るんだと叫んだ。）

shout＋節［that 節］

（10） He *shouted* that it started snowing outside.（彼は外では雪が降り始めたと叫んだ。）

yell＋節 [that 節]

(11) She *yelled* that she would never experience the same thing.（彼女は二度と同じ経験はしまいと大声で言った。）

3. **V＋不定詞句 [副詞的用法]**：通常の不定詞句 [名詞的用法] ではなく，[副詞的用法] で使われ，生物に向かって「怒鳴る」行為を表す。一般的に at が不定詞句の意味上の主語の前に置かれるが，cry のみ for が使われる。これは「怒鳴る」対象と言うよりは，むしろ「求める」対象としての for～to 不定詞句と考えられる。exclaim には不定詞句が通常後続しない。

　なお，特殊用法で，scream が文語体で比喩的に使われる場合，不定詞句が目的語として機能する。下記の scream の注を参照。

cry

(12) He *cried* for some of his friends to come and help him up.（彼は友達の何人かに自分を起こしに来てくれるように叫んだ。）

scream

(13) She *screamed* at her little son to descend from the roof.（彼女は小さな息子に甲高い声で屋根からトリてくるように叫んだ。）

　　　　注：名詞的用法として，次のような例文を LDELC は挙げている：These injustices simply *scream* to be remedied.（これらの不正は改善すべきなのは明らかだ。）

shout

(14) She *shouted* at the noisy kids to go away from there.（彼女はうるさい子供たちに怒鳴ってそこから立ち去るようにと言った。）

yell

(15) He *yelled* at the stranger to stop talking nonsense.（彼は見知らぬ人に怒鳴って馬鹿なことを言うのはやめろと言った。）

4. **V＋名詞句**：本来自動詞用法の多い動詞群であるから，節を目的語とする以外の他動詞用法は少ないし，表面上存在していても，副詞的用法が多い。(16) は同族目的語用法に似た使い方で，〈cried happy tears＝cried happily〉の意味であり，(17) の bloody murder は「とても声高に」という意味である。また，(18) と (19) の目的語自体も本来の意味ではなく，単にそのことばを発しているだけである。

　なお，exclaim のみこの連語は存在しない。なぜなら，exclaim を使用するとき

は，動作主はいつも驚き，怒り，興奮などの感情の高揚した状態にあって，感嘆的文を多用するからである。2 の exclaim の例を参照。

cry＋名詞句［副詞の用法］
(16) The girl *cried* happy tears.（その娘は嬉しい涙を流した。）

scream＋名詞句［副詞的用法］
(17) The passengers on the plane began to *scream* bloody murder.（飛行機の乗客は激しく騒ぎ始めた。）

> コメント：scream blue murder とも言い，辞書に載っているが，ALT は bloody murder の方を好み，こちらの方が多用されているようである。

shout＋名詞句［目的語］
(18) He pulled his car up to the pedestrian and *shouted* a warning.（彼はその歩行者のところに車を止めて，気をつけろと怒鳴った。）

yell＋名詞句［目的語］
(19) The police *yelled* an order for the thief to put up his hands.（警察は泥棒に手を挙げろと怒鳴って命令した。）

5．V＋名詞句＋形容詞句：いずれも目的語の位置に再帰代名詞以外は来ない。その点で，特異な構文といえる。

scream＋名詞句＋形容詞句［結果叙述語］
(20) The teacher *screamed* himself hoarse.（先生は金切り声を上げすぎて声をからしてしまった。）

shout＋名詞句＋形容詞句［結果叙述語］
(21) My wife gently kept calling me from upstairs, but finally *shouted* herself hoarse as I ignored her.（家内は二階から私をやさしく呼び続けたが，私が無視していたので，声をからして怒鳴った。）

6．V＋名詞句＋副詞/前置詞句：この連語の副詞/前置詞句は必要不可欠のもので，随時的に削除できるものとは異なる。

cry＋名詞句＋out/to
(22) He *cried* his eyes out.（彼は泣いて目を泣き腫らした（彼はワーワー泣き喚いた）。）
(23) The baby *cried* itself to sleep.（赤ちゃんは泣きながら寝入ってしまった。）

注：通常は目的語の位置に再帰代名詞がくる。

scream＋名詞句＋at/off
(24) The team *screamed* abuse at one another.（チームの人々はお互いをののしりあった。）
(25) The children were *screaming* their heads off.（子供たちは盛んに金切り声を上げて叫んでいた。）

shout＋名詞句＋at/from
(26) He disgraced himself by *shouting* insults at the homeless on the street.（彼は通りのホームレスに大声で侮辱することばを投げかけたことで，恥さらしなことをした。）
(27) He wanted to *shout* his son's success from the rooftops.（彼は息子の成功をみんなに知らせたがっていた。）

yell＋名詞句＋at
(28) He *yelled* obscenities at a group of girl students.（彼は一群の女子学生に大声で淫らなことばを投げかけた。）

7．V＋副詞/前置詞句：成句をなしていて，分離すると意味が成立しない。

cry＋off/out
(29) We were supposed to leave for the United States, but she *cried* off at the airport.（私たちはアメリカに立つ予定であったが，彼女が空港で取りやめてしまった。）
　　　　cry off＝say one will not fulfill a promise
(30) I pressed my hand on hers until she *cried* out.（私は彼女の手に私のを押し付けたので，彼女は叫び声を挙げた。）
　　　　cry out＝shout loudly

shout＋down/out
(31) He tried to *shout* down the man who was protesting the new law.（彼は新しい法律に反対している男を大声で黙らせようとした。）
　　　　shout down＝prevent from being heard
(32) Please don't *shout* out a question in the press conference.（記者会見で突然に大声で質問をしないようにしてください。）
　　　　shout out＝say suddenly in a loud voice

B. 変形操作の差

	cry	exclaim	scream	shout	yell
1. 同族目的語	○	○	○	○	○
2. 主語結果叙述			○	○	

1. **同族目的語**：同じ語の名詞，語源的に同族の名詞，または類義の名詞を目的語に取る構文で，基底にある意味は副詞句と同じである。〈V＋副詞句〉から〈V＋同族名詞［同族目的語］〉に変える変形操作である。

　すべて同族目的語が取れるが，exclaim のみ名詞になれないので，その名詞形 exclamation がくる。

cry/scream/shout/yell
(33)　The baby *cried/exclaimed/screamed/shouted/yelled* happily.（赤ちゃんは嬉しい叫び声を挙げた。）
(33′)　The baby *cried/exclaimed/screamed/shouted/yelled* a happy cry/exclamation/scream/shout/yell.

2. **主語結果叙述**：結果を表す文節が持つ主語と述語の関係がそのまま目的語とその補語という形に変えられる変形操作である。

scream/shout
(34)　He *screamed/shouted* so much that he became hoarse.（彼は大声を上げすぎて声をからしてしまった。）
(34′)　He *screamed/shouted* himself hoarse.

> コメント：croaky「しわがれ声の」という形容詞があるが，人間が主語のときは避ける傾向がある。Your voice became croaky.（あなたの声はしわがれていた。）は OK である。その結果，(34) で he became croaky が言えないから，He *screamed/shouted* himself croaky. も言えないという関連性が生まれる。

9　質問・依頼関係

ask, question, inquire, request

共通意味：「たずねる」/「頼む」

A. 連語関係の差

	ask	question	inquire	request
1．V	○			
2．V＋節	○[that 節/wh-節]	○ [wh-節]	○ [wh-節]	○ [that 節]
3．V＋不定詞句	○			
4．V＋名詞句	○	○	○	○
5．V＋名詞句＋名詞句	○			
6．V＋名詞句＋節	○ [wh-節]			
7．V＋名詞句＋不定詞句	○			○
8．V＋名詞句＋副詞/前置詞句	○ [in/of/out/over [round]]	○ [about]	○ [of]	○ [from[of]]
9．V＋副詞・前置詞句	○ [after/around/for]		○ [about/after/into]	

◇**意味の概略相違表**

V \ SF	尋問	依頼	招待	質問	疑義	議論	調査
ask	A	B	B	B	C	—	—
question	A	—	—	A	A	A	B
inquire	A	—	—	A	B	C	A
request	—	A	C	—	—	—	—

　ask は「たずねる」の一般的な動詞で，回答を求める場合に使われ，目的語には（8）のように人をとる場合と，ask a question のように事柄をとる場合の2タイプがある。question, request, inquire の場合は，目的語として事柄のみをとるのが一般的である。

　question は問題，論題などに疑問を抱いたときに，「言葉による相手への質問行為」を表す動詞で，職務的な質問によく使われる。inquire は ask よりも堅い言い方で，尋問，取調べなどによく使われる。他方，request は「依頼する」の一辺倒で，「たずねる」の意味はない。「依頼する」場合でも，ask の方が一般的である。

1．**V**：自動詞形はあるものの，動詞だけで単独に現れるのは稀で，前後の文脈で了解できる場合に限られる。この点を考慮すれば，よく現れるのは ask で，そのほかの動詞は滅多に見られない。
ask
（1）　*Ask*, and it will be given to you.（Matt 7：7）（求めなさい。そうすれば，与えられるであろう。マタイ伝7章7節）

2．**V＋節**：that 節と wh-節の両方を取れるのは ask 動詞であるが，意味は異なる。that 節の場合は，「頼む」の意味で使われ，wh-節の場合は，「たずねる」の意味で使われる。
　ask, request に続く that 節中は仮定法現在とし，（2），（6）のように動詞は原形とする。これは米国用法で，英国では should＋原形を用いる。
ask＋節 [that 節/wh-節]
（2）　I wonder if it is OK to *ask* that my children be allowed to come in.（子

供たちを中に入れてもらうように頼むのは大丈夫だろうか。）
（3） She *asked* when the meeting would begin.（彼女はいつ会議は始まるのかと尋ねた。）

question＋節［wh-節］
（4） He kept *questioning* what I spoke about at the party.（彼はパーティで私が何について話したのかしきりに質問した。）

inquire＋節［wh-節］
（5） The police officer *inquired* what made the woman come to the police station.（その警官はどうしてその女性が警察に来たのか尋問した。）

request＋節［that 節］
（6） She *requested* that the overpayment of her tax be refunded.（彼女は払いすぎた税金の還付を要求した。）

3．V＋不定詞句
ask
（7） He *asked* to see the teacher after school.（彼は放課後先生に会えるかとたずねた。／会わせてほしいと頼んだ。）

> 注：この文は He asked if he could [might] see the teacher after school. か，または，He asked that he see the teacher after school. に書き換えられる。前者は「たずねる」場合で，後者は「依頼する」場合である。

4．V＋名詞句：inquire は目的語の位置に人を取らない。意味の違いは冒頭の意味相違表と解説を参照。
ask
（8） He is a little snobbish, if you *ask* me.（言わせてもらえば，彼は少し俗物だ。）

question
（9） Luke never *questioned* his ability as a surgeon.（ルークは外科医としての自分の能力に決して疑問を抱かなかった。）

inquire
（10） The teacher did not *inquire* the reason for his absence.（先生は彼の欠席の理由を尋ねなかった。）

request

(11) If you want to take pictures in the museum, you have to *request* permission.（博物館内で写真を撮りたければ，許可を願い出なければなりません。）

5．V＋名詞句＋名詞句：2重目的語を取るのは ask のみで，他の動詞は間接目的語の前に何らかの前置詞がつく。8 を参照。

ask

(12) Don't *ask* me so many questions. I'm tired of them.（そんなにいっぱい質問しないでくれ。飽きたよ。）

6．V＋名詞句＋節：この連語が可能なのは ask だけであるが，その ask でも，that 節は取らない。それでは，「依頼する」の意味はこの連語では表わされないのかというと，wh-節の中の助動詞を生かして，それが可能になる。(13)の wh-節内にある will を can に代えてみて(14)にすると，「依頼する」の意味が出る。

ask＋名詞句＋節［wh-節］

(13) I'll *ask* my father if my grandfather will come to our house this weekend.（この週末に祖父が我が家に来るのかどうか父に聞こう。）

(14) I'll *ask* my father if my grandfather can come to our house this weekend.（この週末に祖父が我が家にきてよいか父に頼んでみる。）

7．V＋名詞句＋不定詞句：この構文を作る動詞の意味はすべて「依頼する」の場合である。

ask

(15) I'll *ask* him to go to the post office to make a postal order for 200 dollars.（彼に頼んで郵便局に行ってもらい，200ドルの郵便為替を作ってもらおう。）

> コメント：アメリカ人の ALT によると，「郵便為替」はアメリカでは money order で，postal order はイギリス英語であろうとのことであった。ちなみに，日本では postal money order といい，アメリカ英語とイギリス英語の両方を欲張って取っているようである。

request

(16) I *requested* him to participate in our discussion on world peace.（世界平和についての討論に参加するよう彼に頼んだ。）

8. V＋名詞句＋副詞/前置詞句：通常の副詞/前置詞句とは違って，これがないと意味が成り立たないもので，文の必要な要素になっている。

ask＋名詞句＋in/of/out/over [round]

(17) When the pastor comes to our doorstep, *ask* him in.（牧師さんが戸口に来たら，中に入ってもらいなさい。）

(18) He is haughty enough to *ask* anything of me.（彼は傲慢にも私になんでも要求する。）

(19) Though he is not rich, he often *asks* his girlfriend out.（彼は金もないのに，女友達をよく外食に誘い出す。）

(20) It is a nice idea that you *ask* your new friend over [round] for dinner.（新しい友達を我が家の食事に誘うのはいい考えだ。）

question＋名詞句＋about

(21) The doctor *questioned* me about my past diseases.（医者は私の過去の病気について質問した。）

inquire＋名詞句＋of

(22) It is not polite to *inquire* private matters of the person you meet for the first time.（初めての人に私的な事柄を尋ねるのは失礼だ。）

request＋名詞句＋from [of]

(23) I *requested* a copy of the manuscript from [of] him.（彼に原稿のコピーを頼んだ。）

9. V＋副詞/前置詞句：この副詞/前置詞句は動詞と一体化し，成句をなしている。

ask＋after/around/for

(24) Your lawyer *asked* after your mother. He seemed to be concerned about her health.（君の弁護士がお母さんのことを聞いていた。お母さんの健康を気遣っていたみたいだ。）

　　　　ask after＝ask about the health of

(25) I'm *asking* around to find a house for you to rent.（君の借りたい家を見つけようと私はたずねまわっています。）

　　　　ask around＝ask a lot of people
　　　　　注：逆に「家を貸そうとする」なら，rent out your house となる。

(26) If you have any problem, don't hesitate to *ask* for advice.（もし何か問

題があったら，遠慮なく忠告を受けなさい。)

    ask for＝make a request for

      注：ask for＝behave in a way that is likely to bring a bad result（悪い結果を招く）という悪い意味合いがある。例：You've *asked* for it.「自業自得だ。」

inquire＋about/after/into

(27) I made a phone call to the hotel to *inquire* about my reservation.（私はホテルに私の予約のことで電話した。)

    inquire about＝ask for information

(28) The minister *inquired* after the injured people at the hospital.（大臣は病院で負傷した人々を見舞った。)

    inquire after＝ask after＝ask about the health of

      注：アメリカ人の ALT は inquire about を使うと主張した。他のアメリカ人に当たってみたが，やはり inquire about である。『ジーニアス』にあるとおり，アメリカでは after に替わって，about のほうが使われるらしい。

(29) The committee *inquired* into the traffic congestion on Route 5.（委員会は 5 号線の交通渋滞について調査した。)

    inquire into＝investigate

B.　変形操作の差

	ask	question	inquire	request
1．2重目的語	○			
2．不定詞化	○			
3．話法転換	○		○	

1．**2重目的語**：いわゆる第 3 文型を第 4 文型に変える変形操作である。この場合の間接目的語の後置では，(30)のように前置詞として of が用いられる。

ask

(30) The disc jockey *asked* a few questions of her so that the listeners could get to know her better.（視聴者が彼女のことをより深く知ることができるようにと，ディスクジョッキーは彼女に幾つかの質問をした。)

(30′) The disc jockey *asked* her a few questions so that the listeners could get to know her better.

2. 不定詞化：目的語である節を不定詞句にする変形操作である。that 節と wh-節は 2 の〈V＋節［that 節/wh-節］〉に対応している。
ask「求める，依頼する」
(31) I *asked* that he (should) attend the meeting.（彼に集会に出るように求めた。）
(31′) I *asked* him to attend the meeting.
ask「たずねる」
(32) I *asked* him what I should do next.（彼に次に何をすべきかたずねた。）
(32′) I *asked* him what to do next.

3. 話法転換：直接話法から間接話法に変える変形操作である。
ask「求める，依頼する」
(33) She said to me, "Please give me a phone call tomorrow."（「明日電話をください。」と彼女は私に頼んだ。）
(33′) She *asked* me to give her a phone call the next day.
ask「たずねる」(34) He said to me, "Where do you intend to go?"（「どこへ行くつもりなのか。」と彼は私にたずねた。）
(34′) He *asked* me where I intended to go.
inquire
(35) He said (to me), "What time does the store open?"（「何時にその店は開くのか。」と彼はたずねた。）
(35′) He *inquired* what time the store opened.

10　表示関係

show, reveal, exhibit, explain

共通意味：「明らかにする」

A.　連語関係の差

	show	reveal	exhibit	explain
1．V	○		○	○
2．V＋節	○[that 節/wh-節]	○[that 節/wh-節]		○[that 節/wh-節]
3．V＋不定詞句	○[wh-不定詞句]			○[wh-不定詞句]
4．V＋名詞句	○	○	○	○
5．V＋名詞句＋名詞句	○			
6．V＋名詞句＋節	○[that 節/wh-節]			
7．V＋名詞句＋不定詞句	○[to-不定詞句/wh-不定詞句]	○[to-不定詞句]		
8．V＋名詞句＋V-ing 句	○			
9．V＋名詞句＋副詞/前置詞句	○[around/in/out/over]	○[as]		
10．V＋形容詞句	○			

11．V＋副詞/前置詞句	○ [off/up]			○ [away]

◇意味の概略相違表

V\SF	表示	感情	案内	展示/上映	証明	説明	様子	見栄
show	B	B	A	B	B	B	B	B
reveal	A	B	—	—	—	C	—	—
exhibit	A	A	—	A	A	B	C	A
explain	C	—	—	—	B	A	C	—

　まず，show と exhibit は意味の上で非常に似ている。show は一般的に使われ，かつ，具体的に模範を示して「明らかにする」場合である。それに対し，exhibit は公開の場で，大勢の人々に見せる場合と，個人的な感情がみんなに知られてしまう場合などに使われる。show の方が一般的だけに，連語関係の表からも分るとおり，他の語句との結びつきが豊富である。

　reveal はその対立語の conceal から想像できる様に，隠れていたものをはがすように曝け出す意味合いがある。explain は事態・出来事をさらに分りやすく「明らかにする」という意味合いがあり，show と共通する部分がある。

1．V：純粋な意味での自動詞で，それ自体のみしか現れないのは，show である。その他に exhibit と explain があるが，これらは，前後の文脈から目的語が自明で，その省略から自動詞的に使われたものである。

show
（1）　Great agony *showed* in her face.（苦痛の色が彼女の顔に濃く表れていた。）

exhibit
（2）　He is now *exhibiting* in Nagoya Gallery.（彼は今名古屋画廊で自分の作品を展示している。）

explain

（３） This is too difficult to understand. The teacher will *explain*.（これは難しすぎて理解できない。先生が説明してくださるでしょう。）

2．V＋節：節を従えると，具体的な人物ではなく，事柄などの抽象的な内容となる。
show＋節［that 節/wh-節］
（４） History *shows* that we repeat our mistakes.（歴史を見ると，我々が過ちを繰り返すということは明らかである。）
（５） His photo *shows* why he dropped in on his friend.（彼の写真をみると，なぜ彼が友人のところに立ち寄ったかが分る。）
reveal＋節［that 節/wh-節］
（６） He *revealed* that he had stayed with his friend for five days.（彼は５日間友達の家にいたことを明らかにした。）
（７） No questionnaire *reveals* why some people really like to die.（どうして本当に死にたい人がいるのか，アンケートでは分らない。）
explain＋節［that 節/wh-節］
（８） He *explained* that he could not make head or tail of the question.（彼はその質問が皆目分らないと説明した。）
（９） He said, "Let me *explain* what I mean by the standard of living."（「生活水準ということがどういう意味かを説明させてくれ。」と彼は言った。）

3．V＋不定詞句：不定詞句そのものが単独に現れずに，疑問詞がそのはじめにつく。
show＋不定詞句［wh-不定詞句］
（10） He wanted to *show* what to do in case of emergency.（彼は緊急の際に何をすべきか示したかった。）
explain＋不定詞句［wh-不定詞句］
（11） The mechanic *explained* how to use the key.（その機械工が鍵の使い方を説明してくれた。）

4．V＋名詞句：この連語は全部の動詞に起こるが，意味の違いは冒頭の意味相違表と解説を参照。
show

(12) The Japanese economy began to *show* signs of recovery in 2003. （日本の経済は2003年に回復の兆しを見せ始めた。）

reveal
(13) He *revealed* our secret to the teacher. （彼は我々の秘密を先生に暴露してしまった。）

exhibit
(14) The Japanese economy was *exhibiting* signs of recession during 1980s. （日本の経済は1980年代は不況の兆候を見せていた。）

explain
(15) Our teacher could not *explain* the meaning of sexual harassment. （先生は性的嫌がらせの意味をはっきりさせることが出来なかった。）

5. V＋名詞句＋名詞句：いわゆる2重目的語構文で，show にしかない。「変形操作の差」1 を参照。

show
(16) He *showed* his father the picture he took of Korakuen. （彼は父に後楽園を撮った写真を見せた。）

6. V＋名詞句＋節：この連語パターンを持つのは show だけというのは不思議に思うかもしれない。同じような連語関係をもつ reveal と explain には，間接目的語の名詞句にかならず to という前置詞がつくから，このパターンになれないのである。

show＋名詞句＋節 [that 節/wh-節]
(17) The candidate has *shown* his supporters that he can keep his promises throughout the campaign. （その立候補者はキャンペーン中の公約を守ることを支持者に示した。）
(18) Will you *show* me how the computer works? （コンピュータがどう動くのか見せてくれませんか。）

7. V＋名詞句＋不定詞句：この連語を取れるのは，show と reveal であるが，wh-不定詞句を取れるのは show のみである。

show＋名詞句＋不定詞句 [wh-不定詞句/to-不定詞句]
(19) He *showed* his children how to play golf. （彼は子どもたちにゴルフの仕

方を教えた。）
(20) She *showed* herself to be a good housekeeper.（彼女は自分がよい主婦であることを示した。）

reveal＋名詞句＋不定詞句［to-不定詞句］
(21) The officer *revealed* the gentleman to be a Russian spy.（その警官はその紳士をロシアのスパイだと暴露した。）

8．**V＋名詞句＋V-ing 句**：7 の不定詞句が状態を表すのに対し，V-ing 句は動作をあらわす。
show
(22) The news on television *showed* children dying on the streets in Iraq.（テレビのニュースでイラクでは子どもたちが通りで死んでいる様子が写されていた。）

9．**V＋名詞句＋副詞/前置詞句**：ここの副詞/前置詞句はこの連語になくてはならないものである。
show＋名詞句＋around/in/out/over
(23) I'll *show* you around Boston.（ボストンを案内して回りましょう。）
(24) When you have an interview with your employer, you have to *show* yourself in a good light.（雇用主とインタビューするときは，相手に良い印象を与えなければなりません。）
(25) I can *show* myself out.（そのままで。お見送り結構です。）
(26) I'll *show* you over the house which is for sale.（売り家の中をご案内いたします。）

reveal＋名詞句＋as
(27) He finally *revealed* himself as the deep throat.（彼は自分がディープスロート（情報源）だと暴露した。）

10．**V＋形容詞句**：いわゆる第 2 文型は show のみに現れる。
show
(28) Her face *showed* pale when she heard of the accident.（その事故のことを聞いたとき，彼女の顔は青ざめた。）

11. V＋副詞/前置詞句：この連語は成句をなしている。
show＋off/up
(29) He was *showing* off his F1 driver's license.（彼は自分のF1運転免許証を見せびらかしていた。）
  show off＝behave in order to get attention for oneself
(30) I waited and waited, but she did not *show* up.（私は待ちに待ったが，彼女は現れなかった。）
  show up＝arrive as expected or arranged
    注：これは口語体で，くだけた表現である。
(31) The light *showed* up the scar on his face.（明かりがついて，彼の顔の傷が浮かび上がった。）
  show up＝cause to be easily and clearly seen
explain＋away
(32) I found a lipstick on his sleeve, but he *explained* it away.（私はキスマークを彼の袖に見つけたが，彼は言い逃れをした。）
  explain away＝avoid blame for
    コメント：「キスマーク」を直訳すると kiss mark となるが，ALT は lipstick?と言って，首を傾げた。kiss mark は和製英語のようである。

B. 変形操作の差

	show	reveal	exhibit	explain
1. 2重目的語	○			
2. 不定詞化	○	○		
3. as 変形		○		

1. **2重目的語**：いわゆる第3文型から第4文型に変える変形操作である。「連語関係の差」の5を参照。
show
(33) He *showed* a collection of rare books to me.（彼は私に集めた珍しい本を見せてくれた。）
(33′) He *showed* me a collection of rare books.

注：間接目的語が「目標」ではなく，「受益者」になることがある。そのときは〈to＋名詞句〉ではなく，〈for＋名詞句〉になる。

(34)　He *showed* a favor for me.（彼は私に恩恵を示してくれた。）
(34′)　He *showed* me a favor.

2．**不定詞化**：目的語の that 節中の主語を主節の目的語に上昇させ，不定詞句にする変形操作である。
show
(35)　His attitude *shows* that he is a man of faith.（彼の態度から，彼が信心深い人であることが分る。）
(35′)　His attitude *shows* him to be a man of faith.
reveal
(36)　He *revealed* that the chief of his section was a secret agent.（彼は自分の部局の長は秘密諜報員だと暴露した。）
(36′)　He *revealed* the chief of his section to be a secret agent.

3．**as 変形**：不定詞句を〈as＋名詞句〉にする変形操作である。2 の不定詞化変形との関連［(36)→(36′)→(36″)］を参照。
reveal
(36′)　He *revealed* the chief of his section to be a secret agent.
(36″)　He *revealed* the chief of his section as a secret agent.

11 継続関係

continue, last, remain, endure

共通意味:「続く，続ける」

A. 連語関係の差

	continue	last	remain	endure
1. V	○	○	○	○
2. V＋不定詞句	○ [目的語]		○ [補語]	○ [目的語]
3. V＋V-ing	○ [動名詞]		○ [現在分詞]	○ [動名詞]
4. V＋名詞句	○ [目的語]	○ [目的語]	○ [補語]	○ [目的語]
5. V＋形容詞句	○		○	
6. V＋副詞/前置詞句	○ [in/with]	○ [out]		

◇意味の概略相違表

V＼SF	一般動作/状態	話	歩き	中断後継続	地位	時間制限	健康/体力	場所	残留	忍耐/持続
continue	A	A	A	A	A	C	B	B	B	C
last	B	B	B	C	C	A	A	—	C	B
remain	B	C	C	—	B	C	C	A	A	B
endure	C	—	—	—	A	—	B	—	B	A

continue は特に時間の制限を受けないが，last の方は，大抵の場合，時間の制限を受けて，特定の期間内で「継続する」を表す。remain も時間制限をうけるが，残りの期間内で，同じ状態が「継続する」ことを表す。従って，last も remain も何らかの時間制限を表す語句があとにつづく。それに対し，endure は長い時間「継続する」の意味を表し，それから「忍耐する」の意味が派生する。

1. V：単独に起こる自動詞としては，全ての動詞が可能であるが，意味の差については，上記の意味相違表と解説を参照。
continue
（1） The road *continues* along the river. （道路は川に沿って続いている。）
（2） *Continuing* in a low voice, he asked the speaker about the matter. （彼は低い声でことばを続け，講演者にその事柄について質問した。）
last
（3） I am afraid this cold weather will *last* a month. （この寒い天気は1か月続くのではないかしら。）

注：この a month は for a month の意味で，機能的には副詞。

remain
（4） He felt sick and *remained* at home while the rest of the family was away. （彼は気分が悪く，家族がみんな出て行っている間，家に残った。）

コメント：rest は単数扱いであるが，これを単に family とすると，英米人の間でも単数扱いか複数扱いか迷うところである。一般に米国人は単数扱い，英国人は複数扱いとしているが，チェックをした ALT は米国人も英国人も family に members を加えて，単複の差を表そうとする傾向がある。従って，（4）の後半は while the other family members were away とも言える。

endure
（5） Their relationship will not *endure* over many years. （彼らの関係は長い年月続かないであろう。）

2. V＋不定詞句：この連語に現れるのは，continue, remain, endure であるが，それぞれの性格はかなり曖昧で，自動詞になったり，他動詞になったりする。continue の（6）は他動詞用法で，不定詞句はその目的語。remain の（7）は自動詞用法で，不定詞句はその補語。endure の（8）は他動詞用法で，不定詞句はその目的語。なお，「変形操作の差」の2，3，4を参照。

continue＋不定詞句［目的語］
（6） He *continued* to drink beer while speaking to his children.（彼は子供に話しかけながらビールを飲み続けた。）

remain＋不定詞句［補語］
（7） Much work *remains* to be done.（まだ多くの仕事をしなくてはならない。）

> 注：後にくる不定詞句は受身形で，その主語は主節の主語と同一。remain は連結動詞になっている。

endure＋不定詞句［目的語］
（8） I can not *endure* to see her suffer like that.（彼女があのように苦しむのを見て居られない。）

3．V＋V-ing：2 の場合と同様，remain のみ後続の V-ing は補語の現在分詞である。

continue＋V-ing［動名詞］
（9） He *continued* smoking in spite of my warnings.（私が警告しているにもかかわらず，彼はタバコを呑み続けていた。）

> 注：continue のあとに動名詞句が続く場合は，前から続いていたことがこれからも続くことを含意している。それに反し，不定詞句が続く場合は，その含意がない。（『ジーニアス』）

remain＋V-ing［現在分詞］
（10） He *remained* standing throughout the session.（彼は会議中ずっと立ったままであった。）

endure＋V-ing［動名詞］
（11） I can not *endure* hearing bad rumors about my father.（父の悪いうわさを聞くのは耐えられない。）

> コメント：内容的に「悪いうわさ」は一回だけ（a bad rumor）という場合がありうるが，endure という動詞は何回も経験して，それに耐えるというニュアンスがあるから，複数の bad rumors の方が自然だというのが ALT の反応である。

4．V＋名詞句：この連語は 4 つの動詞全てに可能である。意味の差については，冒頭の意味相違表と解説を参照。ただし，この連語関係には次のような条件がつく。last が直接目的語をとるときは，主語は無生物が多く，目的語に人がくる。そ

して，本来の時間制限の語句がそのあとに続く。remain のあとの名詞句は目的語ではなく，補語である。従って，(14)の名詞句は受動文の主語になれない。remain as a tough opponent と同じ意味で，副詞的性格を持っているものと思われる。

continue＋名詞句［目的語］

(12)　I will *continue* my study at college.（私は大学で自分の勉強を続けるつもりです。）

last＋名詞句［目的語］

(13)　That sweater will *last* you at least 5 years.（そのセーターなら短くても5年は着られるでしょう。）

remain＋名詞句［補語］

(14)　The team *remained* a tough opponent against ours.（そのチームは依然として我々の手ごわい相手だった。）

endure＋名詞句［目的語］

(15)　People in the island had to *endure* many years of economic hardship.（島の人々は長い年月の経済的窮乏に耐えねばならなかった。）

5．**V＋形容詞句**：形容詞句は補語であるから，2，3にあったように remain のあとに続く。continue は自動/他動詞両用の働きが激しく，この連語にもよく現れる。

continue

(16)　The riots *continued* unchecked.（暴動は野放しで続いた。）

remain

(17)　The child sat down in the chair and *remained* silent till his father came in.（その子は椅子に腰を下ろして，父親が入ってくるまでじっとしていた。）

6．**V＋副詞/前置詞句**：ひとつの成句をなし，切り離すと意味が成り立たない。

continue＋in/with

(18)　He *continued* in office after all his friends quit their positions.（彼は友人がみなそれぞれの地位を離れていったあとも，職にとどまった。）

　　　　　continue in＝hold（office）

(19)　She became sick, but she *continued* with her routine work.（彼女は病気になったが，自分の日常の仕事は続けた。）

　　　　　continue with＝go on over a long period

last＋out

(20) We are afraid he can not *last* out another day.（もう一日彼は持ちこたえられないではないかと思う。）

　　　　　last out＝remain in good condition
　　　　　　　注：この用法はイギリス英語に見られるものである。

B. 変形操作の差

	continue	last	remain	endure
1. 重名詞節後置			○	
2. 主語上昇	○		○	
3. 第2動詞省略	○			
4. 受動態	○			

1. **重名詞節後置**：名詞に続く同格節を文尾に移動させる変形操作である。しかし，原形の(21), (22)のような構文は滅多に現れない。

remain

(21) The fact that natural disasters can attack us at any moment *remains*.（自然災害はいついかなる時でも襲ってくるという事実は変わり無い。）

(21′) The fact *remains* that natural disasters can attack us at any moment.

(22) The question why he did not show up at the party *remains*.（彼がなぜパーティに顔を見せなかったのかという疑問は解けない。）

(22′) The question *remains* why he did not show up at the party.

2. **主語上昇**：(23)のような不定詞句内の意味上の主語が，(23′)のように主節の主語の位置に移動する変形操作である。continue は相動詞で，動作の継続を表し，本来主語の意志には関与しない。この基底にあると考える文は実際には非文法的で存在しない。

continue

(23) It *continued* for the rate on bank loans to fall.（銀行ローンの利率は引き続き下がっていった。）

(23′) The rate on bank loans *continued* to fall.

コメント：ALT によると，loan は個々に金額が違っているが，rate は比較的に同一であるから，前者は複数形，後者は単数形で使うとのことである。

remain

(24) It *remains* to be seen what the decision will be.（結論は見てみないと分らない。）

(24′) The decision remains to be seen.

注：remain の重名詞節後置の機能から，主語上昇の機能も導き出せるが，前者の機能と同様，特殊な場合である。なぜなら，不定詞 to be seen のような語句が後続するときだけ，その操作が許されるからである。

3．第2動詞省略：後続する不定詞の動詞を省略する変形操作である。

continue

(25) He *continued* to attend his school even while he was sick.（彼は病気のあいだも学校に通い続けた。）

(25′) He *continued* his school even while he was sick.

4．受動態：他動詞構文の目的語を受動文の主語にする変形操作であるが，相動詞の場合は複雑な操作を伴う。下記の注を参照。

continue

(26) He *continued* his school despite a lot of difficulties.＜ He *continued* to attend his school despite a lot of difficulties.

(26′) His school was *continued* despite a lot of difficulties.（多くの困難があったけれど，彼の通学は続けられた。）

Cf. The story is to be *continued* next week.（物語は次週に続く。）

注：この場合 continue は相動詞でありながら，主語の意思を担う。それは，第2動詞省略の結果，その動詞の能動性を受け継ぐからである。同じ相動詞である begin にも自動詞と他動詞の2面があるのと同じ現象。Cf. He began to study the language.（彼はその言語を勉強し始めた。）→ *It was begun by him to study the language. He began the study.（彼は勉強を始めた。）→ The study was begun. 注：*は非文を表す。

12 試行関係

try, attempt, experiment, challenge, aim

共通意味:「試みる」

A. 連語関係の差

	try	attempt	experiment	challenge	aim
1. V	○				
2. V+不定詞句	○	○			○
3. V+V-ing句	○				
4. V+名詞句	○	○		○	○
5. V+名詞句+不定詞句				○	
6. V+名詞句+副詞/前置詞句	○ [at/for/on]			○ [on/to]	○ [at]
7. V+副詞/前置詞句	○ [for/on/out]		○ [in/on/with]	○ [for]	○ [at/for]

◇意味の概略相違表

V \ SF	努力	試用/試食	審理	苦痛	実験	襲撃	企て/挑戦	新手法	異議
try	A	A	A	A	B	C	B	C	C

attempt	A	B	C	—	C	A	A	B	—
experiment	B	A	—	—	A	—	B	A	—
challenge	B	C	B	—	B	B	A	B	A
aim	A	—	—	—	C	B	B	C	B

　try は行為者の努力を強調し，attempt は行為の対象が難しいことを暗示し，しばしば不成功や失敗も含意するから，attempted murder は「殺人未遂」となる。experiment は科学的な方法で実験して試す意味を持つ。challenge は下記例文（10）のように，難題に挑戦を「試みる」の意味合いがある。aim は目標に向けて，狙いを定めるという意味で，武器の使用や努力の対象を表す。

1．**V**：自動詞でも，単独に現れるのは try だけである。aim は目的語が自明で省略可能のときであるから，本来は他動詞である。例：You had better *aim* (the arrow) a little below the target. （的の少し下を狙った方がいい。）
try
（1）　*Try* as hard as you can, and you will achieve what you have in mind. （一生懸命やれば，思っていることを達成できるよ。）

2．**V＋不定詞**：try, attempt, aim の 3 つの動詞には to-不定詞句が後続するが，aim と他の 2 動詞とは性質が異なっている。aim は自動詞であるが，他は他動詞である。注を参照。
try
（2）　The woman *tried* to help the drowning child. （その女性はおぼれている子供を助けようとした。）
attempt
（3）　The big dog *attempted* to catch the ball that his master threw, but failed. （その大きな犬は飼い主が投げたボールを取ろうとしたが，失敗した。）
aim
（4）　We *aim* to finish this work by Friday. （私たちはこの仕事を金曜日までに終えるよう目論んでいる。）

注：3つの動詞間の差は次の例のように表れる。aim には受動態がなく，他にはある。
(5) He *aimed* to get there on time.（彼はそこに時間通りに着こうと目指した。）
(5′) *To get there on time was *aimed* by him.（*は非文）
(6) He *tried*/*attempted* to get there on time.
(6′) To get there on time was *tried*/*attempted* by him.

3．**V＋V-ing 句**：try to push と(7)の文の try pushing を比較すると，前者は push が出来ずに終わることもあるが，後者は push という行為を行ってから，その結果を見るという意味合いがある。ただし，try＋V-ing が try＋不定詞の意味で使われることもある。

try
(7) I *tried* pushing the red switch but nothing happened.（赤いスイッチを押してみたが，何もおこらなかった。）

4．**V＋名詞句**：この連語は experiment を除いて，全ての動詞に起こるが，意味の差については冒頭の意味相違表と解説を参照。

try
(8) She *tried* her best at the entrance examination（彼女は入試で全力を尽くした。）

attempt
(9) The respectable man *attempted* murder and pleaded guilty to it.（その立派な人が殺人未遂を犯してその罪を認めた。）

challenge
(10) He *challenged* the theory of evolution.（彼は進化論を問題にした。）

aim
(11) He *aimed* his gun, but was not courageous enough to shoot.（彼は銃を構えたが，撃つ勇気はなかった。）

5．**V＋名詞句＋不定詞句**：この連語は challenge だけに起こる。主語が目的語の人に「挑む，試す，など」の意となる。

challenge

(12) She *challenged* me to discuss the plan of the school festival.（彼女は学園祭の計画案を話し合えといってきた。）

6．V＋名詞句＋副詞/前置詞句：副詞/前置詞句を除くと，全体の意味が壊れるような連語である。
try＋名詞句＋at/for/on
(13) He *tried* his hand at golf and got very interested in it.（彼はゴルフをやってみて，とても興味を持った。）
(14) She *tried* the dress for size to see whether it fitted her nicely.（彼女はそのドレスが彼女にぴったり合うかどうかサイズを合わせてみた。）
(15) She *tried* her baby on solid foods, but found it was too early.（彼女は赤ちゃんに固形食を試してみたが，まだ早すぎることが分った。）
challenge＋名詞句＋on/to
(16) I *challenged* the chairperson on the errors in his plan.（私は議長に彼の計画の欠点を指摘した。）
(17) Nick *challenged* me to a game of squash.（ニックは私にスカッシュをしようと言ってきた。）
aim＋名詞句＋at
(18) He *aimed* his criticism at the prime minister.（彼の批判の的は首相だった。）

7．V＋副詞/前置詞句：全体でひとつの成句をなしている。
try＋for/on/out
(19) Many people *try* for Fulbright scholarships.（フルブライト奨学金を求める人は多い。）
　　　　try for＝make an attempt to get
(20) I *tried* on the nice dress.（私はその素敵なドレスを試着した。）
　　　　try on＝put on (a garment, hat, etc.) to test the fit
(21) The Japan Railroad Corporation *tried* out the new transportation system.（日本鉄道会社は新しい鉄道組織を試験的に試みた。）
　　　　try out＝attempt to test
experiment＋in/on/with：in は実験の分野，on は実験される対象，with は実験に使う材料・方法などを示す。

(22) Many ecologists *experiment* in biology in that big white building.（あの大きな白い建物の中で，生態実験をしている生態学者が多くいる。）
   experiment in＝do a scientific test to find the validity of a theory in
(23) It is meaningless to *experiment* on animals.（動物実験をしても無意味だ。）
   experiment on＝do a scientific test by applying a theory onto
(24) In the science class we used to *experiment* with frogs.（理科の授業で，よくカエルの実験をしたものだ。）
   experiment with＝do a scientific test by using

challenge＋for
(25) Our baseball team is *challenging* for the first place.（私たちの野球チームは一位をねらっている。）
   challenge for＝compete for getting

aim＋at/for：前置詞 at はその対象が形あるものに使い，for は抽象的なものについて言うときに使う。
(26) The hunter *aimed* at deer in the wood.（猟師は森の中で鹿をねらった。）
   aim at＝direct (a weapon) towards
(27) Dick usually *aims* for promotion.（ディックは常に昇進をねらっている。）
   aim for＝intend (to)

B. 変形操作の差

	try	attempt	experiment	challenge	aim
1. 不定詞化	○				
2. 第2動詞省略	○				
3. 不定動詞句削除	○				
4. 受動態	○	○		○	○

1. **不定詞化**：A and B の連鎖を A to B に変える変形操作で，現在形のみに使われる。tried and did のような連鎖はない。

try

(28) You'd better *try* and do your homework now. (今宿題をやってしまった方がいいよ。)

(28′) You'd better *try* to do your homework now.

2. **第2動詞省略**：第1動詞に後続する不定詞や動名詞を省略して，第1動詞にその機能・意味を吸収させる変形操作である。

try

(29) "I asked Mary where he was, but she didn't know." "Well, why don't you *try* asking Beth?"(「メアリーに彼がどこにいるのか訊いたけど，知らなかった。」「それでは，ベスに訊いてみたら。」)

(29′) "I asked Mary where he was, but she didn't know." "Well, why don't you *try* Beth?"

3. **不定動詞句削除**：第1動詞に後続する不定詞句の動詞本体を省略し，その意味を含意させる変形操作である。

try

(30) "Will you go to college tomorrow?" "I will *try* to go."(「明日大学に行くの。」「行くつもりです。」)

(30′) "Will you go to college tomorrow?" "I will *try* to."

注：後半の部分は(1) I will try. (2) I will try to. (3) I will try to go. (4) I will try to go there. の回答が可能であるが，ALTによると，もっとも自然なのは(3)であった。

4. **受動態**：他動詞構文の目的語を受動文の主語に持っていく変形である。aimには次のような受動態があるが，これに対応する能動態がない。したがって，aimの場合は，もともとこの形であると考えられる。

aim

(31) The negotiations were *aimed* at bringing about peace. (交渉は平和をもたらすことを狙ったものであった。)

(31′) *They *aimed* the negotiations at bringing about peace. (*は非文)
なお，「連語関係の差」の2の解説と注を参照。

try

(32) They *tried* him for murder.（彼を殺人罪で裁判にかけた。）
(32′) He was *tried* for murder.

attempt
(33) The policemen *attempted* the rescue, but in vain.（警官たちは救助を試みたが，失敗した。）
(33′) The rescue was *attempted* by the policemen, but in vain.

challenge
(34) He *challenged* me for the chairmanship.（彼は私に挑んで議長職に着こうとした。）
(34′) I was *challenged* by him for the chairmanship.

13　分離関係

part, break, divide, separate

共通意味：「分け（かれ）る」

A.　連語関係の差

	part	break	divide	separate
1．V	○	○	○	○
2．V＋名詞句	○	○	○	○
3．V＋名詞句＋形容詞句		○		
4．V＋名詞句＋副詞/前置詞句	○[from/with]	○ [in(to)/of/up]	○ [between/[among]/by/from/into]	○ [from/into]
5．V＋名詞句[補語]	○			
6．V＋副詞/前置詞句	○[from/with]	○ [away(from)/down/in/into/off/out/through/up/with]	○ [into]	○ [from]

◇**意味の概略相違表**

V ＼ SF	部分/断片	分担/分岐	統一分割	ばらばら分割	頭髪	区別	故障	中断/休憩	別居
part	B	B	B	—	A	A	—	—	B
break	B	—	C	B	—	—	A	A	B

divide	A	A	A	—	B	A	—	—	—
separate	A	B	—	A	C	A	—	—	A

　part は基本的な「分かれる」で，纏まった本体があって，その機能を残したままいくつかに分離する場合。機能を失って「分かれて」分散する break とは異なる。divide と separate は意味的にも統語的にも近いが，下記 1 の（3）と（4）が示すように，divide はサイズは変化するが，機能的には同じものに「分かれる」が，separate は機能も変わるものである。したがって，次の例のように，separate は家族関係の分離に関係し，分離するが，divide はこの関係にタッチできない。
（a）　The couple *separated* and left for different towns.（夫婦は離婚して，異なる町に去ってしまった。）
（b）　*The couple *divided* and left for different towns.（*は非文を表す。）
　なお，part を使って，
（c）　The couple *parted* and left for different towns.
　とすると，「離婚」も含めて他のいろいろな理由で「分かれる」場合も可能である。

1．Ｖ：4つの動詞全てに起こる。意味の違いは冒頭の意味相違表と解説を参照。
part
（1）　Mary's lips *parted* in surprise.（メアリーは驚いてポカンと口を開けた。）
break
（2）　The box is light and tends to *break* easily.（その箱は軽くて，壊れやすい。）
divide
（3）　The river *divides* thirty miles away from the town.（その川は町から30マイル離れたところで分岐している。）
separate
（4）　The river *separates* into a few channels as it comes into Paris.（その川はパリに入ってくると，二三の水路に分かれる。）

2．Ｖ＋名詞句：この連語も4つの動詞全てに起こる。ただし，意味的には，Ａを

BとCに「分ける」結果，BとCが共に残っているのが，part, divide, separate の場合であるが，残るものがほとんど無用なものになってしまうのが break である。これは break に破壊的意味が含まれているからである。

part

（5） "How would you like me to set your hair?" "*Part* it in the middle, please."（「髪はどう分けましょうか。」「真ん中で分けてください。」）

> コメント：答えの文で，「どうしようかな」と躊躇しているときは well が使えるが，書き言葉では，Well … と書くべきだと ALT はコメントをいれた。

break

（6） He *broke* the vase into pieces on purpose.（彼は意図的に花瓶を割って粉々にしてしまった。）

divide

（7） The top of the mountain *divides* Gifu and Nagano prefectures.（山頂が岐阜県と長野県を分けている。）

separate

（8） It is necessary to *separate* the sheep from the goats.（良いものと悪いものを分けることは必要だ。）

3．V＋名詞句＋形容詞句：break だけにこの連語がある。break した結果が形容詞句に表れる。

break

（9） Three firemen *broke* the door open and rescued the people trapped in the building.（3人の消防士がドアを壊して開け，建物に閉じ込められていた人々を助けた。）

4．V＋名詞句＋副詞/前置詞句：副詞/前置詞句はこの連語に必要な要素である。

part＋名詞句＋from/with

（10） He remained in Japan, because he didn't like to be *parted* from his children.（彼は子供たちと離れるのが嫌で，日本に留まった。）

> 注：part from の形は受身形で使われる場合が多い。

（11） He *parted* company with his boss over the big investment.（彼はその大きな投資の件で，ボスと意見が違った。）

break＋名詞句＋in(to)/of/up

(12) The little boy *broke* the biscuit in half and gave one piece to his dog. (その小さな男の子はビスケットを半分にして, 一つを犬にやった。)
(13) Since he is new to the teaching position, we have to *break* him in. (彼は教師の仕事が初めてなので, それに慣らせてやらなければならない。)
(14) I tried to *break* him of the habit of smoking while eating. (私は彼が食事中タバコを吸うのをやめさせようとした。)
(15) That funny guy *breaks* me up. (あのおかしな奴には笑ってしまうよ。)

divide＋名詞句＋between [among]/by/from/into
(16) He is always crossing over the Pacific, *dividing* his time between Tokyo and San Francisco. (彼は東京とサンフランシスコを行き来して, いつも太平洋を飛んでいる。)
> コメント：crossing のところを flying すると, always と連動して, 空中に絶えずいることになってしまう。「明日彼は飛行機で日本に戻る」の He is flying back to Japan tomorrow. は OK である。日本語の「飛んでいる」に惑わされやすい。

(17) If you *divide* 27 by 3, you will get 9. (27を3で割れば, 9になる。)
(18) Only the wooden screen *divides* his room from mine. (ただ木の衝立のみが彼の部屋と私の部屋を分けている。)
(19) I find it easy to *divide* them into three groups. (彼らを3つのグループに分けることは易しい。)

separate＋名詞句＋from/into
(20) First break the egg, and *separate* the yolk from the white. (まず卵をわって, 黄身と白身を分離しなさい。)
(21) You should *separate* the garbage into burnable and other. (ごみを燃えるものとそうでないものに分けなければならない。)
> コメント：burnable は形容詞の形をしているが, 不可算名詞である。この種の例として, Separate the laundry into dry and wet. (洗濯ものを乾いたものと濡れたものに分けなさい。) がある。

5．**V＋名詞句［補語］**：動詞のあとに名詞句が来ているが, 目的語ではなく, 補語の働きをしている。

part
(22) After twenty-five years' marriage, they *parted* close friends. (25年間の結婚生活のあとで, 彼らは親しい友として別れた。)

6．V＋副詞/前置詞句：全体が一つの成句をなしている。
part＋from/with
(23) She *parted* from her friend in Japan and flew over to the US.（彼女は日本の友達と別れて，アメリカへ旅立った。）
　　　　part from＝no longer be together with
(24) We *parted* with our pet dog, though we were reluctant to do so.（私たちはいやだったけれど，愛犬を手放した。）
　　　　part with＝give away

break＋away (from)/down/in/into/off/out/through/up/with
(25) She *broke* away from home to stand on her own feet.（彼女は独立しようと家を出た。）
　　　　break away from＝end one's connection with
　　　　　注：break away＝escape という意味もある。例：He tried to *break* away from the police, but in vain.（彼は警察から逃れようとしたが，無駄だった。）
(26) The plane's left engine *broke* down in a thunderstorm.（飛行機の左エンジンが雷雨で止まってしまった。）
　　　　break down＝stop working
(27) Last night a thief *broke* in my house and stole all my cash.（昨夜泥棒が我が家に入って現金をごっそり盗んでいった。）
　　　　break in＝enter (a building) by force
(28) He *broke* into a run as he approached the house.（彼は家に近づくと急に走り出した。）
　　　　break into＝begin suddenly
(29) Suddenly the phone rang. He *broke* off the conversation and picked it up.（突然電話が鳴った。彼は会話をやめて，電話を取った。）
　　　　break off＝end suddenly
　　　　　コメント：ALT によると，「電話をとる」とき，take it とすることはできない。the phone は受話器という具体的な器具なので，pick up することになる。もし，the call なら，take the call と言える。
(30) The Pacific War *broke* out in 1941.（1941年太平洋戦争が起こった。）
　　　　break out＝begin suddenly and violently
(31) The sun at last *broke* through the clouds.（ついに太陽が雲間に顔を出した。）

　　　　　break through＝force a way through
(32)　His marriage *broke* up last year when he fell in love with another girl.
（昨年彼が別の女と恋に落ちたとき，結婚生活は破滅した。）
　　　　　break up＝come to an end
(33)　He *broke* with his political party when he disagreed with them.（彼は彼の政党と意見の衝突で別れた。）
　　　　　break with＝end one's connection with

divide＋into

(34)　We *divided* into a few groups and each group discussed its own problem.（私たちは数グループに分かれ，それぞれが独自の問題を討議した。）
　　　　　divide into＝separate into（smaller groups）

separate＋from

(35)　The left wing of the plane *separated* from the rest of the body.（飛行機の左翼が本体から切れてしまった。）
　　　　　separate from＝move apart from

B. 変形操作の差

	part	break	divide	separate
1．相互交換	○		○	○
2．数字交換			○	
3．能格変化	○	○	○	○
4．中間動詞化	○	○	○	○

1. **相互交換**：均衡動詞によく起こる現象で，AがBと関係を持てば，BもAに関係を持つという相互関係にある動詞の場合で，主語と目的語（前置詞の目的語も含む）の交換が行われたり，重主語が起こる変形操作である。なお，「相互交換」という名称はLevin（1993：165）から採ったもの。主語と目的語，または目的語同士間で相互の交換をしている。Levinは自動詞用法と他動詞用法とに分けているが，partの他動詞用法のときはいつも受身形になるので，ここではこの区分は採らなかった。また，用例からも分るとおり，divideのみ「手段」が関与しているが，他は「状態」になっている。

part

(36) He *parted* from his friend. （彼は友と別れた。）
(36′) His friend *parted* from him.
(36″) He and his friend *parted*.

divide

(37) Only a partition wall *divides* his office from mine. （仕切り壁だけで彼と私の事務室は分けられている。）
(37′) Only a partition wall *divides* my office from his.
(37″) His office and mine are *divided* by only a partition wall.

separate

(38) Many countries never *separate* religion from politics. （宗教と政治が分離してない国が多い。）
(38′) Many countries never *separate* politics from religion.
(38″) Religion and politics are never *separated* in many countries.

2. **数字交換**：「相互交換」の特殊な例で，割り算の計算方法の違いが構文に現れた変形である。

divide

(39) I *divide* 27 by 3. （27を3で割りきる。）
(39′) 27 *divides* by 3.
(39″) I *divide* 3 into 27.
(39‴) 3 *divides* into 27.

3. **能格変化**：他動詞構文の目的語が自動詞構文の主語になる変形操作である。

part

(40) The grandfather *parted* the curtains. （祖父がカーテンを開けた。）
(40′) The curtains *parted*. （カーテンが開いた。）

break

(41) He *broke* the plate. （彼は皿を壊した。）
(41′) The plate *broke*. （皿が壊れた。）

divide

(42) The teacher *divided* the class in half. （先生はクラスを半分に分けた。）
(42′) The class *divided* in half. （クラスは半分に分かれた。）

separate

(43)　The mechanic *separated* the front door of the car from the rest of the body.（修理工は車の前のドアをボディから外した。）

(43′)　The front door of the car *separated* from the rest of the body.（車の前のドアがボディから外れた。）

4．**中間動詞化**：受動的な意味を内包しながら，必ず副詞的語句をともなって自動詞化する変形操作である。例文に示してあるように，能格変化と中間動詞化は関連があり，能格変化する動詞は中間動詞化しやすいと言える。

part

(44)　The barber *parted* his hair.（理容師が彼の髪の毛を分けた。）

(44′)　His hair *parts* easily.（彼の髪の毛は分けやすい。）

break

(45)　He *broke* the vase.（彼は花瓶を壊した。）

(45′)　That vase *breaks* easily.（その花瓶は壊れやすい。）

divide

(46)　He *divided* the pizza into four pieces.（彼はそのピザを4つに分けた。）

(46′)　That pizza *divides* easily.（そのピザは分けやすい。）

separate

(47)　He *separated* the cream from the milk.（彼はクリームとミルクを分離した。）

(47′)　That cream *separates* easily.（そのクリームは分離しやすい。）

14.1　往来発着関係(1)

begin, start, commence, initiate

共通意味：「はじめる，はじまる」

A.　連語関係の差

	begin	start	commence	initiate
1．V	○	○	○	
2．V＋不定詞句	○	○	○	
3．V＋V-ing	○	○	○	
4．V＋名詞句	○	○	○	○
5．V＋名詞句＋V-ing		○		
6．V＋名詞句＋副詞/前置詞句		○ [off/on]		○ [into]
7．V＋副詞/前置詞句	○ [by/with]	○ [from/by/back/in/on/out/(all) over/up/with]	○ [with]	

◇意味の概略相違表

意味分野＼動詞	場所	時間	特定の儀式	乗り物	身体の驚き	初心	創始
begin	A	B	B	B	B	A	B
start	B	A	B	A	A	B	B

| commence | C | C | A | — | — | — | B |
| initiate | — | — | A | — | — | — | A |

　begin と start はほとんど同じ文脈で使えるが，どちらかといえば，begin は場所的な意味での「出発」を表し，start は時間的な意味での「出発」を表すことが多い。したがって，この差を明示する必要があるときは，The marathon race *begins* at Santa Monica.（マラソンはサンタモニカを起点とする。）/The marathon race *starts* at three o'clock.（マラソンは3時にはじまる。）のように使う。(Dixon 1991)

　commence は堅苦しい，重々しい動詞で，公の場合に使われる。begin に代わって用いると大げさな，時には滑稽な響きが醸し出される。したがって，この名詞形の commencement は「卒業式，学位授与式」のように，公の，将来の「出発」を表す。

　initiate には強制感がある。上からの権威で儀式のようなものを行うからである。したがって，強調は「出発点」にあり，結果がどうなるかの責任は負わない。Cf.　initiation（伝授，儀式）

1.　**V**：begin と start の微妙な違いに気をつける必要がある。（1）の例では，start を使うと，School *starts* in April in Japan.（日本では新学期は4月にはじまる。）のように，学期初めと間違われる場合が出てくる。（ただし，school が目的語になると，「begin school＝就学する/start a school＝創立する」となる。）また，（3）のように，乗り物・機械類が動き出すときは，start の方が好まれる。start はまた「身体がビックと動き出す」動作を表し，（4）を begin で代用することはできない。

begin
（1）　Harvard University *began* in 1636 with only twelve students.（ハーバード大学は1636年たった12名の学生からはじまった。）
（2）　Let's *begin* on page 100.（100ページからはじめよう。）
　　　　　コメント：ALT のコメントによると，from page 100 も OK である。しかし，on の時は，そのページを指すだけだが，from の時は，さらに101ページ以降にも続くことを暗示する。

start

（3） The train *started* in Tokyo and arrived at Nagoya Station on time.（列車は東京を出発して定刻に名古屋駅に着いた。）

（4） All the children in the room *started* at a sudden noise.（部屋にいた子供たちはみな突然の物音にぎくりとした。）

commence

（5） The conference *commenced*, after all the members showed up.（メンバーが全部揃ってから、会議がはじまった。）

2．**V＋不定詞句**：begin と start の微妙な意味の差はそれぞれの名詞形に現れ、その差をわきまえていると動詞の用法が分りやすい。beginner は「初心者，新米，創始者」で、精神的に「出発」する者を表し、starter は「競技出場者，野球の先発投手，競技のスタート合図係」で、肉体的・運動的に「出発」する者を表す。したがって、動詞でも、どちらかといえば、He *began* to study English.（彼は英語を勉強しはじめた）/He *started* to run.（彼は走りはじめた。）のような使い方が好まれる。start の（8）と（9）は動作・行動を意味し、begin よりも使用頻度が高い。不定詞句の主語は必ず主節主語と一致する。他の主語を持ってくることは出来ない。

begin/start

（6） He woke up and *began/started* to look around the room.（彼は目をさまして、部屋を見渡しはじめた。）

（7） I *began/started* to understand the details of the accident.（私は事件の詳細が分りはじめた。）

start

（8） The car didn't *start* to move an inch.（車は一インチも動こうとはしなかった。）

（9） His company *started* to publish a new magazine.（彼の会社は新しい雑誌を発行しはじめた。）

commence

（10） Though he said he wouldn't talk long, he *commenced* to make a long speech.（長くは話さないと言いながら、彼は長演説をしはじめた。）

3．**V＋V-ing**：下記（11）の代わりに begin/start to learn German 〜の方が口語的で、よく使われる。特に、主語が非人称の it とか、無生物のときは、It *began/*

started to rain all of a sudden.（突然雨が降りはじめた。）のように，圧倒的に不定詞句が使われる。また，両動詞のあとに感情や心の動きを表す動詞が来るときも，He *began/started* to feel miserable.（彼は惨めな思いをしはじめた。）のように，不定詞句を続けることが多い。begin/start が進行形で，次の動詞も V-ing がくるときは，形態上の冗漫さを嫌って V-ing を避け，不定詞句が使われる。

begin/start

(11) I *began/started* learning German when I was eight.（私は8歳のとき，ドイツ語を習いはじめた。）

commence

(12) Though he said he wouldn't talk long, he *commenced* making a long speech.（例文(10)を参照）

　　　　　　　注：例文(10)と同じように用いられる。用法は begin と同じ。

4．V＋名詞句：全ての動詞にこの連語は可能である。意味の差については冒頭の解説を参照。

begin

(13) He *began* a new business, but it turned out to be less successful than he expected.（彼は新しい商売をはじめたが，予期したような成功はしなかった。）

start

(14) He *started* work at 9 o'clock, but suddenly a phone call stopped him from keeping on work.（彼は9時に仕事をはじめたが，すぐに電話がなって仕事が続けられなかった。）

commence

(15) The chairperson announced that he would *commence* the conference.（議長は会議をはじめると宣言した。）

initiate

(16) The government *initiated* an administrative reform program.（政府は行政改革計画をはじめた。）

5．V＋名詞句＋V-ing：この連語は start だけ可能である。なお，次の6の start の項を参照。

start

(17)　The witticism *started* him brooding over himself.（その警句で彼は考えこんでしまった。）

6．V＋名詞句＋副詞/前置詞句：この副詞/前置詞句がついて連語全体の意味が完成するという点で，必要な構成要素である。
start＋名詞句＋off/on
(18)　His funny story *started* them all off laughing.（彼の滑稽な話でみんな笑い出してしまった。）
　　　　　　注：例文(18)は off をはずした V-ing 形の，His funny story *started* them all laughing.（Cf. 例文(17)）とほぼ同じ意味。
(19)　The teacher *started* us off with warming-up exercises.（先生は私たちを準備体操からはじめさせた。）
(20)　She *started* her baby on solid foods earlier than usual.（彼女は通常より早い時期に赤ちゃんに固形食をはじめさせた。）
initiate＋名詞句＋into
(21)　The patriarch *initiated* 13-year-old boys into manhood in this tribe.（この部族では，族長が儀式で13歳になる少年を大人いりさせた。）

7．V＋副詞/前置詞句：一つの成句をなしている。
begin/start＋by/with：To begin with/start with は「はじめに」という独立句として，よく用いられる。Cf. *To begin/start with*, he was a professor, but then he became a politician.（まず，彼は教授だったが，後に政治家になった。）
(22)　I'll *begin/start* by congratulating you on your birthday.（誕生日のお祝いをのべることからはじめましょう。）
　　　　　　begin/start by＝go into an activity by
(23)　When they were ready to have dinner, they *began/started* with a prayer.（食事の用意ができて，彼らは祈りからはじめた。）
　　　　　　begin/start with＝make a start on
　　　　　　コメント：ALT は次のようなコメントをした。when のところを，as, because などで代えることが出来るが，出来る限り，狭い機能を持つ接続詞がよいとのことであった。すなわち，as は時，理由，様態などの機能を持つので，はっきりしない。when や because のほうが機能が狭く，分りやすいのである。特に会話体では，音を聞いてすぐに判断しなければならないから，このことが当てはまる。

start＋from/back/in/on/out/(all) over/up

(24) My stock prices *started* from $1000, and kept rising. (所有している株価は1000ドルからはじまって，ずっと上がって行った。)
   start from＝go from a particular point

(25) I *started* off late, but intended to *start* back for home the same day. (私はおそく家を出たが，その日の内に帰途に着くつもりだった。)
   start off＝begin a trip start back＝finish a trip

(26) He *started* from his bed and rushed to the telephone. (彼はビクッとしてベッドから飛び出し，電話に走った。)
   start from＝move suddenly out of

(27) Harry turned away from Bill and *started* in on me. (ハリーはビルをやめて，私に食って掛かってきた。)
   start in (on)＝begin to be annoying

(28) He *started* on his homework before it was too late. (やり遅れしないうちに彼は宿題に取り掛かった。)
   start on＝begin doing a job

(29) The newly wedded couple *started* out on their new life. (新婚の二人は新しい生活に乗り出した。)
   start out＝begin one's life

(30) If you find a mistake in it, just *start* (all) over again. (ミスを見つけたら，はじめからやり直しなさい。)
   start over＝begin again as before
    注：特にアメリカ語法である。

(31) He tried to *start* up the engine in vain. (エンジンを始動しようとしたが駄目だった。)
   start up＝begin operating
    注：off, up, out, back の副詞/前置詞は start に限られることに注意。

commence＋with

(32) The congress *commenced* with the president's address. (会議は会長の挨拶ではじまった。)
   commence with＝start with

B. 変形操作の差

	begin	start	commence	initiate
能格変化	◯	◯	◯	
第2動詞省略	◯	◯	◯	
中間動詞転化	◯			

1. **能格変化**：他動詞構文の目的語が自動詞構文の主語になる変形操作である。
begin/start
(33)　He *began/started* his journey at dawn.（彼は夜明けに出立した。）
(33′)　His journey *began/started* at dawn.（彼の出立は夜明けだった。）
commence
(34)　We *commenced* the ceremony.（式典をはじめた。）
(34′)　The ceremony *commenced*.（式典がはじまった。）

2. **第2動詞省略**：主動詞に後続する動名詞（または不定詞）を省略して，その意味を主動詞が吸収する変形操作である。省略できる第2動詞はその目的語に関連する動詞（English なら write, read, learn, study など）に限る。
begin/start
(35)　He *began/started* learning English at twelve.（彼は12歳で英語を習いはじめた。）
(35′)　He *began/started* English at twelve.
commence
(36)　John *commenced* writing his new book.（ジョンは新しい本を書きはじめた。）
(36′)　John *commenced* his new book
　　　　注：commence は日常の用法としては大げさなので，He commenced his supper.（彼は夕飯を食べはじめた。）とは言わない。従って，第2動詞の省略も限られる。

3. **中間動詞転化**：受動態の意味を内包しながら，副詞的語句を伴って現れる自動詞構文である。下記の例では，Many people read that book. が中間動詞化して，

That book reads well. となるのを，begin が介在してそれ自体が中間動詞に転化したもの。
begin
(37) Many people *begin* reading that book.（あの本を読みはじめる人が大勢いる。）
(37′) That book *begins* well.（あの本はとっつきやすい。）

14.2　往来発着関係(2)

stop, finish, end, cease, terminate

共通意味:「終わる，終える」

A. 連語関係の差

	stop	finish	end	cease	terminate
1. V	○	○	○	○	○
2. V＋不定詞句	○			○	
3. V＋V-ing句	○	○		○	
4. V＋名詞句	○	○	○	○	○
5. V＋名詞句＋V-ing	○				
6. V＋名詞句＋副詞/前置詞句	○ [from]	○ [with/by]			
7. V＋副詞/前置詞句	○ [at/back/by/dead[short]/in/off/out/over/up]	○ [off/up/with/first]	○ [in/up]	○ [from]	

◇意味の概略相違表

V \ SF	乗り物	医療	電気	中断	スポーツ	記述	旅行	食事	戦争	教育
stop	A	C	B	A	A	B	B	C	B	C
finish	B	C	—	—	A	B	B	A	A	A
end	B	A	B	—	B	A	A	B	A	B
cease	—	B	C	A	—	—	C	—	A	C
terminate	A	A	A	—	—	—	C	—	C	B

　stop, finish, end の3語は一般によく使われ, 日常的な行為の終結を意味する。しかし, その中であえて微妙な差を捜せば, finish の終結は完成を意味し, stop は途中の終結（中断）を意味し, end は自然の終息を意味する。cease と terminate は堅苦しい言い方で, 公式的な場面で使われる。さらに細かくいえば,「終える」という行為は, finish は目的語を指向する動詞であるから, 目的のものを完成して「終える」が, cease と stop は主語指向の動詞であるから, 主語の都合で中断して「終える」ということになる。個々の意味分野については, 上記の表と下記の例文を参照のこと。

1. V：全ての動詞に可能であるが, 意味の差については上記の解説を参照。
stop
（1）　Our train *stops* at all stations.（乗ってる列車は全ての駅に停まる。）
finish
（2）　The annual concert *finished* at 10 o'clock in the evening.（年1回のコンサートは夜10時に終わった。）
end
（3）　The road *ends* at the airport.（道路は空港のところで終わっている。）
cease
（4）　When the music *ceased*, we finished the meal.（音楽が終わったとき, 食事を終えた。）
terminate

（5） This train *terminates* here. You have to change trains.（この列車はここが終点です。乗り換えてください。）

2．**V＋不定詞句**：stop と cease は，主語を指向しているが，しばしば主語の意志を表す方が stop で，無意志の方は cease が多い。文法上は stop の後の不定詞句は結果を表す副詞的用法で，stop は自動詞。他方，cease の後の不定詞句は cease の目的語となっていて，名詞的用法。

stop

（6） He *stopped* to rest for ten minutes.（彼は立ち止まって，10分休んだ。）

cease

（7） The scandal *ceased* to be talked about.（その醜聞はうわさされなくなった。）

3．**V＋V-ing 句**：この stop は（6）の用法と対比していて，（6）の方は「中断して，…する」の意味であるが，（8）の方は「…するのを中断する」のである。

stop

（8） He *stopped* resting and started to run.（彼は休むのをやめて，走り始めた。）

finish

（9） I *finished* typing the report before the deadline.（締め切り前にレポートを打ち終えた。）

cease

（10） I *ceased* typing/to type the report before the deadline.（締め切り前にレポートを打つのをやめた。）

> コメント：before のところに in time for（間に合って）を書いても良さそうであるが，「締め切りに間に合って」という日本語は OK としても，英語は in time for のあとには「間に合う」対象がこなければならない。例えば，the train, the class, the appointment（予約）などである。本文のように deadline（締め切り）は「間に合う」対象ではないので，駄目である。(ALT の意見）

4．**V＋名詞句**：全ての動詞にこの連語は可能である。意味の違いは冒頭の解説を参照。

stop

(11) When it began to rain hard, the umpire *stopped* the game.（雨が激しく降りはじめたとき，アンパイアは試合を中止させた。）
finish
(12) Beth *finished* school and soon went to work.（ベスは学校を卒業すると，すぐに仕事に出た。）
end
(13) My mother always *ends* the supper with ice cream.（母はいつも夕飯をアイスクリームで締めくくる。）
cease
(14) The captain shouted, "*Cease* fire!?"（船長は「撃ち方やめ」と叫んだ。）
terminate
(15) The doctor advised her to *terminate* her pregnancy.（医者は彼女に妊娠中絶を勧めた。）

5. V＋名詞句＋V-ing：この連語は stop のみに起こる。さらに，from を使って I tried to *stop* him from smoking. なる文もある。これはたばこを吸うのを未然に防ぐという意味合いになる。(16)の方は，すでにタバコを吸っている状況である。
stop
(16) I tried to *stop* him smoking too much.（彼が沢山タバコを吸うのをやめさせようとした。）

6. V＋名詞句＋副詞/前置詞句：副詞/前置詞句を外すと，別の意味になってしまうか，無意味なものになってしまう。したがって，この連語には必要な構成要素である。
stop＋名詞句＋from
(17) There's no way to *stop* him from calling me.（彼が私に電話をかけなくする方法はない。）
　　　　　　注：5 の解説を参照。
(18) The president told him that he would *stop* $270 from his wages to pay for the damage.（社長は彼に損害の弁償として賃金から270ドルを差し引くといった。）
finish＋名詞句＋with/by
(19) He *finished* the table with varnish.（彼はテーブルにニスで仕上げ塗りを

した。)
(20) They *finished* the morning service by singing a beautiful hymn. (彼らは美しい賛美歌を歌って, 朝の礼拝を終えた。)

7. V＋副詞/前置詞句：全体で成句をなしている。

stop＋at/back/by/dead [short]/in/off/out/over/up：stop は主語指向の動詞であるから, 主語の都合で「やめる」ことが出来る。by, in, off, over などはこの意味の中断で, 途中で「立ち寄る」のである。

(21) He will *stop* at nothing to get the prize money. (彼はその賞金をうるためなら何でもするだろう。)
　　　　　stop at nothing＝be ready to take any risk
(22) I'll *stop* back later on the way home. (あとで, 帰りに立ち寄ります。)
　　　　　stop back＝go back to a place one has been to earlier
(23) I'll *stop* by the market to buy something to drink for the party. (マーケットに立ち寄って, パーティ用の飲み物を買って来ます。)
　　　　　stop by＝make a short visit to
(24) He saw his father across the street and *stopped* dead [short]. (彼は通りの向こうに父を見て, 急に立ち止まった。)
　　　　　stop dead/short＝suddenly stop walking
(25) I'll *stop* in at my office to do a little business. (私の事務所に立ち寄って, ちょっとした仕事をしてきます。)
　　　　　stop in＝make a short visit
(26) We *stopped* off in Nagoya and visited my friend there. (私たちは名古屋で途中下車して, 私の友達を訪ねた。)
　　　　　stop off＝interrupt a journey to make a short visit
(27) Father at last allowed me to *stop* out late that evening. (父はついにその夜私が夜遅くまで外出するのを許してくれた。)
　　　　　stop out＝stay out later than usual
(28) The plane will *stop* over in Bangkok on the way to Athens. (飛行機はアテネへの途中でバンコックに立ち寄る。)
　　　　　stop over＝make a short stay before continuing a journey
(29) As I drained a lot of garbage, the kitchen sink *stopped* up. (ごみを沢山流してしまったので, キッチンの流しが詰まってしまった。)

stop up＝block

finish＋off/up/with/first：finish は目的語指向の動詞だから，目的語の対象物を完成して「終える」の意味を表す。stop off (26)と finish off (30)を比較されたい。

(30) The boy *finished* off the sandwich.（その子はサンドウィッチを食べつくした。）

　　　　finish off＝eat all of something

　　　　　　注：finish off＝kill or destroy (a person or animal hurt)（傷ついた人/動物を殺す）という意味もある。例：Can I *finish* off the wounded deer?（傷ついた鹿を始末してよいですか。）

(31) He broke a window of the shop and *finished* up in jail.（彼はその店の窓を壊して，その結果，刑務所入りになった。）

　　　　finish up＝result in some state

(32) He likes to borrow the knife if you have *finished* with it.（そのナイフを使い終わったら，彼が借りたがっている。）

　　　　finish with＝have no more use for

　　　　　　注：finish with＝have no further relationship with（もう関係ない）という意味もある。例：I have *finished* with Bob since he lied to me.（ボブが私にうそを言ってから，私は彼とは関係を持っていない。）

(33) He *finished* first and his brother second in the race.（徒競走で，彼は一着で，兄は二着でゴールインした。）

　　　　finish first ［second, third, etc.］＝arrive top ［second, third, etc.］

end＋in/up

(34) The murder case *ended* in mystery.（殺人事件は迷宮入りになった。）

　　　　end in＝have as a result at the end

(35) Most dieters will *end* up putting the weight back on, if they stop dieting.（大抵のダイエットをやった人はやめると，結局もとの体重に戻ってしまう。）

　　　　end up＝result in some state

　　　　　　コメント：ALT によると，「体重が増える」は put on/gain weight と書いて，定冠詞を付けないが，この文では，「もとの（自分の）体重」の事を言っているので，the を付けた方がよいとのことである。

cease＋from

(36) The professor will never *cease* from doing research.（教授は決して研究

をやめない。)
cease from＝stop
注：cease from V-ing はイギリス用法で，アメリカ用法では cease V-ing である。

B. 変形操作の差

	stop	finish	end	cease	terminate
能格変化	○	○	○		
第2動詞省略		○			

1. **能格変化**：他動詞構文の目的語が自動詞構文の主語になる変形操作である。
stop
(37) He *stopped* the machine when the telephone rang.（彼は電話がなったとき，機械をとめた。)
(37′) The machine *stopped* when the telephone rang.
finish
(38) They *finished* the evening with a dance on the beach.（彼らはその夜の最後に浜辺でダンスをした。)
(38′) The evening *finished* with a dance on the beach.
end
(39) Her weeping *ended* their discussion.（彼女が泣いたので，彼らは討論をそこで打ち切りにした。)
(39′) Their discussion *ended* with her weeping.

2. **第2動詞省略**：主動詞に後続する動名詞（または不定詞）を省略し，その意味を引き継ぐ変形操作である。finish のみにこの機能があり，stop, cease, end, terminate にはこの用法がないから，John *stopped／ceased* painting the wall on Tuesday. のように，第2動詞を残さなければならない。(Dixon 1991)
finish
(40) John *finished* painting the wall on Tuesday.（ジョンは火曜日に壁のペンキ塗りを完成した。) →
(40′) John *finished* the wall on Tuesday.

14.3　往来発着関係(3)

go, come, pass, move, approach

共通意味：「移動する」

A.　連語関係の差

	go	come	pass	move	approach
1．V	○	○	○	○	○
2．V+節	○ [that 節]			○ [that 節]	
3．V+不定詞句	○[目的を表す副詞句]	○ [目的/結果を表す副詞句]		○[目的を表す副詞句]	
4．V+V-ing 句	○	○			
5．V+名詞句			○	○	○
6．V+名詞句+名詞句			○		
7．V+名詞句+不定詞句				○	
8．V+名詞句+副詞/前置詞句			○ [by/down … to/on/onto/over]	○ [along/to]	○ [about/for]
9．V+形容詞句/過去分詞	○	○			

10．V＋副詞/前置詞句	○ [about/ahead/(all) out/along/around/at/by/for/in for/on/over/through/with]	○ [about/across/around/at/by/clean/down on/forward/of age/on/out/over/through]	○ [as/away/for/on/out/up]	○ [along/in on/on/over]

◇ 意味の概略相違表

V＼SF	移動/出現	経過	道路	範囲/到達	作動	状態	振舞	有用/有効	流通/譲渡	消滅/衰弱	出身/由来	入手/合格
go	A₊	A₊	A	A	A	A⁻	A	A	B⁻	A	—	C
come	A₊/₋	A₋	C	A	B	A⁺	C	B	B⁺	—	A	A
pass	B	A	A	C	C	B	C	A	A	B	—	A
move	A	B	B	B	A	A	B	C	B	—	—	—
approach	B	B	B	A	B	C	C	B	C	—	—	—

上付き＋は「良く」，上付－は「悪く」，下付き＋は「聞き手の方へ」，下付き－は「話し手の方へ」のイメージが伴う。

「移動する」ものは人間に，また人間が作った物質，組織，金融等にも起こる現象で，いわば，生活全般にわたって見られるものである。そのため，移動を表す典型的な go, come はまさに基本的な語彙であり，多くの比喩的な表現に使われる。

話し手の立場から考えてみると，go は自分から離れていく動作で，話者や話者の場所からの「離脱」を表す。

（a） I *went* to NYC on business last month.（先月仕事でニューヨークに行きました。）

一般に自分から離れていくものだから，比喩的に自分に「不利」な状態が起こっ

ていく。
（b） My father's hearing is *going*.（父の耳が段々と聞こえなくなっています。）
（c） You may *go* crazy when you hear about this.（これを聴くと，君は怒りだすかもしれないよ。）注：*come* crazy とは言わない。

　他方，come は自分に近寄ってくる「接近」を表し，自分の領域に入ってくるから，比喩的に「有利」な状況になる。
（d） Will you *come* with me?（いっしょに行く？）
（e） That computer *comes* complete with software and games.（そのコンピュータはソフトとゲームの製品をインプットした製品として売られる。）
（f） Don't worry, it'll all *come* out right in the end.（心配するな。結局はすべてうまく行くよ。）注：*go* out right とは言わない。

この go と come の意味の差は利己的（？）な表現と言えるかもしれない。

　第三者が介入してくると，少々複雑になる。第三者の立場になって，その場に行くときは相手を有利にして，「自分の所に来る」かのように振舞う。つまり，come を使うのである。これと同じように，聞き手の相手を重視して，「自分の所に来る」かのように振舞うことがある。そのときも come を使う。要するに，日本語の待遇表現に似ている。
（g） John, you and I are *coming* to our teacher's office tomorrow, aren't we?（ジョンと君と僕は明日先生の研究室に行くのですね。）
（h） We're going to the party. Will you *come* along?（パーティに行くんだ。一緒に来るかい？）

　pass は A 地点から B 地点へ行く途中，「通過」箇所・状況に焦点を合わせる。
（i） I *passed* through the gates into a courtyard behind.（私は門をくぐりぬけ，中庭に入っていった。）

　「通過」したあとは，当然目的地につく。それが円周を持っているものであれば，周囲を回らすことになり，時間的「通過」であれば経過を表す。
（j） Father *passed* the rope carefully around the post.（父はロープを注意深く柱の周囲に回した。）
（k） Several minutes *passed* before the students were noticed.（数分が経った後，その学生たちは気づかれた。）

　move は A 地点から B 地点への「移動」に重点を置く。比喩的には話題，議題，事柄等に移る場合に使われる。

（1） They *moved* to three different places for the past year.（彼らは昨年1年間で3回引越した。）
（m） Let's *move* to another subject, Sue.（スー，別の話題に移りましょう。）
　approach は到達点につかずに，その近くにいる状態で，一定の空間・時間に近いことを表し，比喩的にも応用される。
（n） A hurricane is *approaching* Miami.（ハリケーンがマイアミに近づいている。）
（o） The attitude he took *approached* to a denial.（彼が取った態度は否定も同然だった。）

1．V：5つの動詞について，この連語は可能である。意味の違いは冒頭の解説を参照。
go
（1） They invited us to his farewell party, but we were too busy to *go*.（彼らは我々を彼の送別会に招待してくれたが，忙しくて行けなかった。）
　　　　注：慣用句として，We have ten days to *go* before Christmas.（クリスマスまであと10日ある。）の使い方もある。
come
（2） "Bob, dinner is ready." "Mom, I'll *come* soon."（「ボブ，食事の用意ができたわよ。」「お母さん，すぐ行くよ。」）
pass
（3） She gave me a smile as she *passed*.（彼女はすれ違うとき，私に微笑んだ。）
move
（4） Please fasten your seat belt while the bus is *moving*.（バスの走行中は，シートベルトをお締めください。）
approach
（5） We heard footsteps *approaching*.（我々は，足音が近づいてくるのを聞いた。）

2．V＋節：連語としてはgoとmoveの2つの動詞にあるが，機能は異なる。（注）を参照。
go＋節 [that 節]

(6) The story *goes* that he was involved in the political scandal.（彼は政治スキャンダルに巻き込まれたという話だ。）

move＋節［that 節］

(7) He *moved* that his motion be seconded.（彼の動議が支持されるように提案した。）

> 注：move の場合は他動詞であるが，go の場合，外形は他動詞が目的語節をとっているように見えるが，この go は他動詞ではなく，that 節は story の内容を説明するもので，同格節。(6)は次のように言い換えられる。

(8) He was involved in the political scandal, as the story *goes*.

3．**V＋不定詞句**：〈go to V 〜〉と〈come to V 〜〉は次のように言い換えられ，同義である。

(9) *Go* to shut the window.（＝*Go* and shut the window.）（行って窓を閉めてくれ。）

アメリカ英語では，*Go* shut the window. というように to がしばしば落ちる場合があるが，くだけた言い方である。しかし，過去形（went）や完了形（gone）では，to を落とした構文は使えない。なお，come については，(15)の結果を表す場合との差に注意。

to 不定詞句に show/prove/indicate などをとるときは，「〜を証明するのに役立つ」という意味になる。

(10) The evidence *goes* to show [prove] that the suspect is innocent.（その証拠は容疑者が無実であることを証明するのに役立つ。）

また，「使われる」の意のときと，「何か知らせるために，音を立てる」の意のときにも，〈go to V 〜〉が使われる。

(11) His fortune will *go* to establish an orphanage.（彼の遺産は孤児院の設立に使われる。）

(12) A bell *goes* to mark the end of each race.（それぞれのレースの終わりを告げるのに，鐘がなる。）

go＋不定詞句［目的を表す副詞句］

(13) They *went* to save the children in the river.（彼らは，川の中の子供たちを救出しに行った。）

come＋不定詞句［目的/結果を表す副詞句］

(14) I will *come* to visit you at your office. ＝ I will *come* and visit you at your office.（事務所にお訪ねします。）
(15) She *came* to think of Venice as her home.（彼女はヴェニスを郷里と思うようになった。）

move＋不定詞句［目的を表す副詞句］
(16) The government *moved* rapidly to rescue the injured.（政府は負傷者を救出するために，敏速に行動した。）

4．**V＋V-ing 句**：go～ing の後には方向を示す to ではなく，場所を示す in や at などの前置詞が来る。なぜなら，go と～ing は独立していて，例文(18)の場合，fishing の fish に移動の意味がないからである。それに反し，come～ing は一体化していて，一つの動作を表す。したがって，例文(19)のように，そのあとに方向を表す to, into などが来る。

　なお，go＋to 不定詞句と go＋doing との違いは，doing の do は多くの場合，スポーツ・気晴らしに関する動詞がくる。(ex. Father goes skiing on Mount Yari.（父は槍岳にスキーに出かける。))。慣用句として，次のような用法もあることに注意。
(17) Don't *go* telling anyone. It's a matter of privacy.（誰にも言ってはいけません。プライバシーの問題だから。）

go
(18) They *went* fishing in the river last Sunday.（彼らは先週の日曜日川へ釣りに出かけた。）

come
(19) She *came* singing into the kitchen.（彼女は歌を歌いながら台所へ入ってきた。）

5．**V＋名詞句**：go と come には他動詞用法はない。

pass
(20) Even a drop of wine has not *passed* my lips.（ワイン一滴たりとも飲まなかった。）

move
(21) *Move* your car, please.（車を移動させてください。）

approach

(22) A hurricane is *approaching* Miami.（ハリケーンがマイアミに接近している。）

6．V＋名詞句＋名詞句：pass のみこの2重目的語構文が取れる。
pass
(23) Will you please *pass* me the pepper?（コショウを回してください。）

7．V＋名詞句＋不定詞句：move のみにこの連語があり，「移動する」の比喩的な意味「感動する」となる。
move
(24) Mary's story *moved* John to sympathize with her.（メアリーの話に動かされ，ジョンは彼女に同情した。）

8．V＋名詞句＋副詞/前置詞句：一般の副詞/前置詞句と違い，この連語に必要なもの。
pass＋名詞句＋by/down ... to/on/on to/over　Cf. 授与関係の pass を参照。
(25) Some people feel that life is *passing* them by, unless engaged in something important.（なにか大切なことに携わってないと，人生がむなしく過ぎ去っていくと感じる人々がいる。）
(26) They have *passed* the tradition down from generation to generation in the village.（その村ではこれまで，伝統を世代から世代へと伝えてきた。）
(27) He hates to *pass* judgment on his neighbors.（彼は近所の人々の事をとやかく言いたくないと思っている。）
(28) One pupil caught the virus and it was *passed* on to the whole school.（一人の生徒がそのウイルスに罹り，それが学校中に広まった。）
(29) Sorry to say, but you've been *passed* over for promotion.（残念だが，君の昇格は見送りされたよ。）

move＋名詞句＋along/to
(30) The police tried to *move* the people along, who had gathered in front of the building.（警察はその建物の前に集まっていた人々を立ち去らせようとした。）
(31) We *moved* the party to Monday.（パーティを月曜日に延期させた。）

approach＋名詞句＋about/for

(32) The refugees *approached* several countries about giving food aid.（難民たちは数カ国に食糧援助が出来るか打診した。）
(33) Some students were not able to *approach* teachers for advice.（教師に助言を求められない学生がいた。）

9．V＋形容詞句/過去分詞：go と come が連結動詞のようになり，補語がつづく。冒頭の解説を参照（go は悪い意味の，come は良い意味の補語がつづく傾向）。
go
(34) Milk easily *goes* sour if it is exposed outside in summer.（ミルクは夏表においておけば，すぐにもすっぱくなる。）
come
(35) One of the buttons on the dress *came* loose.（ドレスのボタンの一つが取れかかっていた。）

10．V＋副詞/前置詞句：ひとつの成句として纏まっている。
go＋about/ahead/（all）out/along/around/at/by/for/in for/on/over/through/with
(36) I'd like to learn as many languages as possible, but the trouble is that I have no idea about how to *go* about them.（出来るだけ多くの言語を習いたいのだが，問題はきっかけをつくる方法の見当が付かないことだ。）
　　　　go about＝tackle
(37) He *went* ahead with his plan to build a second house in Hakone.（彼は箱根に別荘を立てる計画をすすめた。）
　　　　go ahead＝go in advance of others
(38) The conference is *going* all out to improve the rate of attendance.（会議は総力を挙げて出席率をあげようとしている。）
　　　　go all out＝do one's best
(39) Everyday I'm studying at school as I *go* along.（毎日特に予習するわけでなく，普通に学校で勉強している。）
　　　　go along＝proceed
(40) He *goes* around in a sweater when he teaches at school.（学校で教えるときも，彼はセーターですませている。）

go around＝be often out in public

(41) Two cats *went* at each other when they began to eat the cat food.（2匹の猫はキャットフードを食べ始めるとき，お互いに攻撃した。）

go at＝start to fight

(42) I'm sure she will become calm as time *goes* by.（時間が経てばきっと彼女は落ち着くよ。）

go by＝pass

(43) Harry is *going* for the gold medal at Olympiad.（ハリーはオリンピックで金メダルを取ろうとしている。）

go for＝try to obtain

(44) She said she would *go* in for the beauty contest.（彼女はその美人コンテストに参加すると言った。）

go in for＝take part in

注：go in for＝make a habit of（習慣にする）の意もある。例：I don't go in for swimming.（泳ぎを習慣にしない。）

(45) My daughter is *going* on the medicine next week.（娘は来週その薬を飲みはじめるつもりだ。）

go on＝start using

注：go on＝take place（起こる）の意もある。例：What's *going* on there?（そこで何が起こっているのだ。）

(46) I *went* over and over what caused him to oppose my opinion.（何で彼が私の意見に反対したのかいろいろと考えてみた。）

go over＝check

注：go over＝repeat（繰り返す）の意もある。例：If you don't understand him, why don't you ask him to *go* over what he said?（彼の言ったことが分らなければ，繰り返すように頼んでみたらどうですか。）

(47) When you *go* through mental trouble, go to the doctor immediately and ask him for advice.（精神的悩みを経験したら，すぐに医者のところに行って，助言を求めなさい。）

go through＝experience

(48) I'm afraid the hat won't *go* with the shirt.（その帽子とシャツは合わないのではないかと思う。）

go with＝match

come＋about/across/around/at/by/clean/down on/forward/of age/on/out/over/through

(49) How this mistake *came* about is still a riddle.（どうやってこの間違いが起こったのか依然として謎だ。）
　　　　come about＝happen

(50) I *came* across an old friend of mine on the street.（通りで私の旧友にばったり出会った。）
　　　　come across＝meet by chance

(51) When I *came* around, I found my wife was sleeping by the bedside.（意識を取り戻したとき，妻がベッドの傍で寝ているのが分かった。）
　　　　come around＝regain consciousness

(52) The man standing before me on the train suddenly *came* at me with a knife.（列車の中で前に立っていた男が突然ナイフを持って襲い掛かってきた。）
　　　　come at＝move toward someone in a threatening way
　　　　　　注：上記の意味で，come for も使える。なお，come at＝reach a knowledge of（知るようになる）の意もある。例：At last we *came* at his scandal.（ついに彼の醜聞を知るようになった。）

(53) How did you *come* by this rare book?（この貴重本をどうして手に入れたのですか。）
　　　　come by＝come to have

(54) Okay, I'll *come* clean about what I did last night.（わかった。昨夜何をしたか本当のことを言おう。）
　　　　come clean＝admit to guilt or mistake

(55) Mother *came* down on me when I stole the cake she made.（私が母のつくったケーキを盗んだとき，母はひどく私を罰した。）
　　　　come down on＝severely punish or speak to

(56) We are expecting more people to *come* forward with information.（もっと多くの人が情報を持って名乗りを上げてくれることを期待している。）
　　　　come forward＝offer to do something

(57) I hope he will behave better when he *comes* of age.（彼が成人になれば振る舞いがもっとよくなるだろうと思う。）

14.3 往来発着関係(3)　151

　　　　　come of age＝reach an age of 18 or 21
(58)　*Come* on! You can achieve it.（元気出せ。やり遂げられるよ。）
　　　　　come on＝try harder
(59)　All your photos *came* out very well.（君の写真はみんなとてもよく映っているよ。）
　　　　　come out＝be successfully developed
　　　　　　　注：come out＝disappear（消える）例：I washed my pants a few times, but the stain didn't *come* out.（パンツを数回洗ったが、しみは消えなかった。）面白いことに，come out は普通「現れる」という意味で使われるが（例：The stars *came* out in the dark sky.「星が暗黒の空に出てきた。」）、注の例文はその逆である。
(60)　Why don't you *come* over on Sunday afternoon?（日曜の午後にうちにいらっしゃいませんか。）
　　　　　come over＝make a short informal visit
　　　　　　　注：感情が主語になって，come over＝suddenly and strangely take hold of（急に不思議な思いにとらわれる）の意もある。例：The feeling of happiness *came* over me, so I jumped up and gave a happy cry.（幸せの気分が突然襲ってきて，私は飛び上がり，嬉しい悲鳴を挙げた。）
(61)　As you've *come* through the most difficult operation, you are perfectly all right.（とても難しい手術を経たのだから，あなたは完全に大丈夫だ。）
　　　　　come through＝continue to exist after

pass＋as/away/for/on/out/up　Cf.　授与関係の pass を参照。
(62)　Japanese and Chinese look alike. The former can *pass* as Chinese, and vice versa.（日本人と中国人は似ている。日本人は中国人として通るし，逆も真である。）
　　　　　pass as＝pass for
(63)　Her mother *passed* away a few years ago.（彼女の母親は2，3年前に亡くなった。）
　　　　　pass away＝die
(64)　He grows his hair so long and his voice is so weak that he can *pass* for a girl.（彼は髪の毛を長くし，声もよわよわしいので女の子でも通る。）
　　　　　pass for＝be accepted or considered as
(65)　I'd better *pass* on his offer of money.（彼のお金の申し出を受けない方が良い。）

pass on＝give to another person

注：pass on＝die（死ぬ）の意もあり，pass away と同じ働きをする。

(66) When I saw the murder, I *passed* out.（私はその殺人を見て気を失った。）

pass out＝faint

(67) It is advisable not to *pass* up the chance to go to the US.（アメリカに行くチャンスを見逃さない方が良い。）

pass up＝miss

move＋along/in on/on/over

(68) *Move* along, everybody. Don't stop there.（みなさん，進んでください。そこに止まらないでください。）

move along＝move further towards the front or back

(69) The police *moved* in on the rioters and scattered them away.（警察は暴徒たちを制圧し，追い散らした。）

move in on＝take control of

(70) I have been engaged in the present job too long. I think it is time to *move* on.（今の仕事に就いてから長すぎたから，今が転職するときだと思う。）

move on＝develop in one's life

(71) Will you *move* over a little, so this old lady can get in the space?（すこし寄せてくれますか。そうすれば，この老婦人がスペースにはいれますから。）

move over＝change position in order to make room

B. 変形操作の差

	go	come	pass	move	approach
1. 能格変化			○	○	
2. there 挿入	○	○			
3. 場所副詞倒置	○	○			
4. 中間動詞化				○	
5. 2重目的語			○		
6. 斜格の主語化				○	

1. 能格変化：他動詞構文の目的語を自動詞構文の主語にする変形操作である。
pass
(72)　The parliament *passed* the bill.（国会はその法案を可決した。）
(72′)　The bill *passed* in the parliament.（その法案が国会を通過した。）
move
(73)　They finally *moved* the car.（ついに車を動かした。）
(73′)　The car finally *moved*.（ついに車が動いた。）

2. there 挿入：自動詞構文を，there が文頭にくる there 構文にする変形操作である。
go
(74)　The bell *goes* from the city hall.（市役所でベルが鳴る。）
(74′)　There *goes* the bell from the city hall.
come
(75)　The bus *comes* to our bus stop.（バスが停留所にやってくる。）
(75′)　There *comes* the bus to our bus stop.

3. 場所副詞倒置：自動詞構文の場所の副詞句を文頭に持ってきて，主語と動詞を倒置させる変形操作である。
go
(76)　＝(74)　The bell *goes* from the city hall.
(76′)　From the city hall *goes* the bell.
come
(77)　＝(75)　The bus *comes* to our bus stop.
(77′)　To our bus stop *comes* the bus.

4. 中間動詞化：他動詞構文の目的語を自動詞構文の主語にし，受動態の意味を担い，副詞を伴う変形操作である。
move
(78)　We *move* the machine easily.（その機械を簡単に動かす。）
(78′)　The machine *moves* easily.（その機械は簡単に動く。）

5. 2重目的語：いわゆる第3文型を第4文型にする変形操作である。よく第3

文型をとる move だが，この変形操作はない。pass は「目標」が必要で，move にはそれが必要条件ではないからと考えられる。

pass

(79)　Please *pass* the sugar to me.（砂糖を回してください。）

(79′)　Please *pass* me the sugar.

6.　**斜格の主語化**：前置詞を伴った名詞句を斜格という。その斜格の名詞句が主語の位置に入る変形操作である。

move

(80)　He *moved* the audience to tears with his story.（彼はその話をして聴衆を涙に誘った。）

(80′)　His story *moved* the audience to tears.

15　作成関係

make, build, form, produce, construct, create

共通意味：「つくる」

A．連語関係の差

	make	build	form	produce	construct	create
1．V	○	○	○	○		○
2．V＋名詞句	○	○	○	○	○	○
3．V＋名詞句＋名詞句	○[目的語/補語]	○[目的語]				○[補語]
4．V＋名詞句＋不定詞句	○					
5．V＋名詞句＋形容詞句/過去分詞	○					○
6．V＋名詞句＋副詞/前置詞句	○[from/out of/into/of/up]		○[into]		○[from/out of]	
7．V＋副詞/前置詞句	○[away[off]with/for/out/up for[with]]	○[in/up]	○[into]			

◇意味の概略相違表

V \ SF	PC	騒動	芸術/演劇	建設/建築	理論/意見	製品	創造/創作	食事	農産物	金融	組織	体格
make	B	A	B	A	B	A	A	A	A	A	B	A
build	A	C	B	A	A	A	B	B	B	B	A	A
form	C	C	B	B	A	B	C	C	C	C	A	B
produce	B	B	A	B	B	A	A	A	A	A	C	—
construct	B	—	B	A	A	A	C	B	B	B	B	C
create	A	A	A	B	A	A	B	B	B	B	B	C

　この類義動詞群の中で, build「建設する」は一般的な動詞で, これのやや堅苦しい, フォーマルな同意語が construct である。make と form は一般的な「つくる」で, 比喩的な表現にも多用され, 慣用句も多い。produce は「(生産物)をつくる」で, create「(創造, 創作などオリジナルなものを)つくる」と対比する。したがって, 前者は製品, 農作物など具体的な「つくる」により関係し, 後者は抽象的な劇作や機構, 施設, 官職などの「つくる」により関係する。

1. V：make が自動詞として使われるときは, advance (進む), act (する, 振りをする) と同意の場合で, 事実, (1) は acted に置き換えても意味は変らない。build が自動詞として使われるときは, 進行形が多いが, 意味は受身的である。ただし, (3) の文は文語体で, やや古い使い方である。(4) の方が現代的英語。form は「形」に関係しているので, 次第に形づくっていく過程を表すときに, 自動詞用法が可能である。produce はつくりだす「生産物」が一般的に認められる状況 (5) では, 自動詞用法が可能である。create は「怒る」の意味 (7) のときは, 英国およびオーストラリアの口語体で例外的に自動詞用法がある。construct には自動詞用法が認められていない。

make

(1) She *made* as if to cry out for help.（彼女は助けを求めて叫び声を挙げるかのように振舞った。）

build
（2） The architect didn't like to *build* on the site of the old arsenal.（建築家は古い兵器庫のあとに建築したくなかった。）
（3） A new school is *building* in the neighboring town.（新しい学校が隣の町で建てられている。）
（4） A new school is being *built* in the neighboring town.

produce
（5） The factory that was newly built began to *produce*.（新しく建てた工場が生産を開始した。）

form
（6） A terrible idea *formed* in his mind.（恐ろしい考えが彼の脳裏に浮かんだ。）

create
（7） The boy *created* when he heard that his mother was gone.（その子は母親がいなくなったことを聞いて怒った。）

2．**V＋名詞句**：この連語は全ての動詞に可能である。意味の差については冒頭の解説を参照。

make
（8） Joseph had to *make* a living from working overtime.（ジョーゼフは時間外勤務をして生活を立てなければならなかった。）

build
（9） Jessica *built* a new house for her parents.（ジェシカは両親のために家を建てた。）
（10） She *built* a good reputation as a doctor.（彼女は医者としての名声を高めた。）

form
（11） Suddenly the children *formed* a circle and started singing.（突然子供たちが輪を作り歌いだした。）
（12） The government tried to *form* a new policy.（政府は新しい政策を打ち出そうとした。）

produce
（13） Each brand *produces* many high quality mobile phones.（各会社が多く

のハイクオリティーな携帯電話を生産している。)

construct

(14) A famous architect *constructed* his house with his original idea. (ある有名な建築家が彼独自のアイデアで自分の家を建てた。)

create

(15) The songs that were *created* by Richard give many people contentment. (リチャードが作った楽曲は多くの人に安らぎを与える。)

(16) Jean *created* a great dish for her visitor. (ジーンは訪問客にすばらしい食事を用意した。)

3．V＋名詞句＋名詞句

make＋名詞句＋名詞句［目的語/補語］

(17) She *made* her daughter a new dress. (彼女は娘に新しいドレスを作ってやった。)

(18) She *made* her boyfriend a partner in her enterprise. (彼女は男友達を自分の事業のパートナーにした。)

build＋名詞句＋名詞句［目的語］

(19) He *built* his son a new house. (彼は息子に新しい家を建ててやった。)

create＋名詞句＋名詞句［補語］

(20) The queen *created* him a new peer. (女王は彼を新しい貴族に列した。)

4．V＋名詞句＋不定詞句：make のみがこのパターンを取れる。この動詞は「使役」機能が明白で，直接使役機能語として使われているからである。不定詞句は to がない。

make

(21) The teacher *made* me read one chapter of the text in front of the class. (先生はクラスの生徒たちの前でテキストの1章を私に読ませた。)

5．V＋名詞句＋形容詞句/過去分詞：make と create にこの連語が取れる。

make

(22) His gold medal *made* the whole nation happy. (彼の金メダルは国中の人々を喜ばせた。)

(23) I tried to *make* myself understood, but she didn't understand me at all.

(自分の言いたいことを理解してもらおうとしたが，彼女は全然分ってくれなかった。)

create
(24) All men are *created* equal. (すべての人間は平等に創られている。)
〈Thomas Jefferson〉
注：God *created* all men equal. の受動文。

6. V＋名詞句＋副詞/前置詞句：分離すると，文成立に影響を及ぼす副詞/前置詞句で，必要構成素である。

make＋名詞句＋from [out of]/into/of/up
(25) The villagers *make* this famous wine from/out of Californian grapes. (村人はこの有名なワインをカリフォルニア産の葡萄から作っている。)
(26) The accident *made* him into a hero of the nation. (その事件で彼は国民の英雄になってしまった。)
(27) The factory is *making* shirts (out) of silk. (工場では，絹からシャツを作っている。)
(28) They *made* this affair up. (彼らはこの事件をでっち上げた。)

form＋名詞句＋into
(29) He *formed* a piece of paper into a paper airplane. (彼は一枚の紙を折って紙飛行機を作った。)

construct＋名詞句＋from/out of
(30) The house frames were *constructed* from thick, heary timbers. (家の骨組みは厚い，重たい木材を使って建てられていた。)
注：They *constructed* the house frames from thick, heary timbers. の受動文。
(31) They *constructed* the traditional building completely (out) of wood. (その伝統的な建物は全く木材で作られた。)

7. V＋副詞/前置詞句：一つの成句になっている。

make＋away [off] with/for/out/up for [with]
(32) The salesclerk *made* away [off] with all the money from the safe. (その店員は金庫の現金をみんな盗んで持ち去った。)
make away [off] with＝steal
(33) What he said *made* for good relations. (彼の一言で良い関係が作れた。)

make for＝make possible

> 注：make for＝move in the direction of（の方向へ（急いで）動く）の意味もある。例：We got tired of walking, so we *made* for the nearest station to take the next train.（歩くのに疲れたので，私たちは次の電車に乗るために最寄の駅に急いだ。）
>
> コメント：(33)の good relations のところを ALT は人と人との関係であれば，複数形が普通だとコメントした。relationship なら，単数形の a good relationship としてもよいとのことである。

(34) The three thieves *made* off as the police officer arrived.（その警官が到着するや，3人の泥棒はさっさと逃げてしまった。）

make off＝escape in a hurry

(35) I couldn't *make* out what the man said to me.（私はその人が何を言ったのか分らなかった。）

make out＝understand with difficulty

> 注：make out＝write in complete form（正式に書き込む）の意味もある。例：I *made* out a list of members as was requested.（要請されたとおりにメンバーのリストを書き込んだ。）
>
> make out＝pretend usually falsely（通常偽って…の振りをする）の意味もある。例：He *made* out that he was the only person who represented the company.（彼は会社を代表する唯一の者である振りをした。）

(36) Nothing can *make* up for the loss of my pet dog.（愛犬を失ったあとを埋め合わせするものは何もない。）

make up for＝compensate for

(37) Have you *made* up with your wife after your quarrel?（喧嘩のあとで，奥さんと仲直りしたの。）

make up with＝become friends again with

build＋in/up

(38) When the craftsman repaired the house, he *built* in a new cupboard in the kitchen.（その職人は家を修繕するときに，キッチンに新しい食器棚を付け足した。）

build in＝make so as to be a fixed part

(39) One country in Asia is *building* up a larger army, which is a threat to the others.（アジアの一つの国が軍隊を拡大しており，それは他の国々に脅威である。）

build up＝cause to develop

form＋into
(40) During last night water *formed* into ice. （昨夜の間に水が凍った。）
　　　　form into＝be made into a particular shape

B.　変形操作の差

	make	build	form	produce	construct	create
1. 材料・製品入れ替え	○	○				
2. 2重目的語	○	○				
3. 能格変化		○	○			

1.　**材料・製品入れ替え**：直接目的語の製品を前置詞の目的語である材料と入れ替えたり，その逆の操作をする変形である。製品を作る材料が一見して分る場合は〈(out) of 材料〉の形を，分らない場合は〈from 原料〉の形を使う。build は「建設する」の意から，普通材料が一見して分るものである。従って，build～from の形は起こらない。なお，build, produce, construct, create は〈製品～材料〉の順序の形は起こるが，〈材料～製品〉の順序の形は起こらない。

make
(41)　They are *making* paper from wood. （木材から紙を作っている。）
(41′)　They are *making* wood into paper.
(42)　They are *making* shirts (out) of silk. （絹からシャツを作っている。）
(42′)　They are *making* silk into shirts.

build
(43)　Since they had *built* their houses (out) of dried mud, the tsunami completely destroyed them. （家々は乾いた土で建てられてあったので，津波で跡形もなく壊された。）
(43′)　*Since they had *built* dried mud into houses, the tsunami …

construct
(44)　David *constructed* a house (out of/from bricks). （デイヴィドはレンガで家を建てた。）
(44′)　*David *constructed* bricks into a house.　（Levin 1993：176）　*は非文

2. **2重目的語**：いわゆる第 3 文型の文を第 4 文型の文にする変形操作である。
make
(45) He *made* a cottage for his son.（彼は息子の小さな別荘をこしらえてやった。）
(45′) He *made* his son a cottage.
> 注：間接目的語が後置されるときは，前置詞は for が普通（そして，この文型が変形前の原形）。しかし，make の意味が「提案，申し込みなどをする」のときは，前置詞は to になる。

(46) He *made* an important offer to me.（彼は私に重要な申し出をした。）
(46′) He *made* me an important offer.
build
(47) Father *built* a study for me.（父は私に書斎を建ててくれた。）
(47′) Father *built* me a study.
construct
(48) David *constructed* a house for me.（デイヴィドは私に家を建ててくれた。）
(48′) *David *constructed* me a house.（Levin 1993：176）
create
(49) He *created* new music for teenagers.（彼はティーンエイジャーに新しい音楽を作ってくれた。）
(49′) *He *created* teenagers new music.
> 注：construct と create は共に 2 重目的語変形は不可である。しかし，create が「爵位に列する」の意のときは，形は 2 重目的語に似ているが，最後の名詞句は補語で，he was a duke の関係になっている。なお，The king *created* a duke for him. の文は可能で，このときは「授ける」の意味が強い。

(50) The king *created* him a duke.（王は彼を公爵に列した。）

3. **能格変化**：他動詞構文の目的語を自動詞構文の主語に持ってくる変形操作である。
build
(51) He began to *build* confidence while he was giving the speech.（彼は演説している間に自信が湧いてきた。）
(51′) His confidence began to *build* while he was giving the speech.
form

(52)　They *formed* a long queue outside the new restaurant.（新しいレストランの前に長い列ができた。）

(52′)　A long queue *formed* outside the new restaurant.

16　援助関係

help, serve, aid, assist, relieve

共通意味：「助ける」

A.　連語関係の差

	help	serve	aid	assist	relieve
1．V	○	○			
2．V＋不定詞句	○[目的語]	○[副詞的用法]			
3．V＋V-ing句	○				
4．V＋名詞句	○	○	○	○	○
5．V＋名詞句＋名詞句		○			
6．V＋名詞句＋不定詞句	○			○	
7．V＋名詞句＋形容詞句		○			
8．V＋名詞句＋副詞/前置詞句	○ [along/in/on[off]/to/with]	○ [as/for/right/to/with]	○ [in/with]	○ [in/with]	○ [of]
9．V＋副詞/前置詞句	○ [out]	○ [as/in/on/out]	○ [in]	○ [in]	

◇意味の概略相違表

V \ SF	心配	解放	補強	単調	促進	スポーツ	慈善	医療	食事	尽力
help	A	B	B	A	A	A	A	A	A	B
serve	C	C	A	B	A	A	B	A	A	A
aid	B	A	A	C	A	B	A	B	B	A
assist	C	B	A	C	A	A	B	B	B	A
relieve	A	A	C	A	B	A	A	A	C	B

　help は一般的で，危険，困難から「助ける」ということから，仕事などを手伝って，その達成を「助ける」ということまで使える。serve は他人を「助けて」奉仕すること。お客からの注文や食事の奉仕などによく使われる。aid は権威のあるものから弱いものに利益を供給して援助する意味合いを持つ。assist は一番格式ばった言い方で，補助的に助けること。help, aid より堅い語。

　なお，help と assist の一般的言い方と堅い言い方の違い以外に，LDELC によれば，If someone is in difficulties, you help them.（もしだれかが窮地にあったら，彼らを help する）であって，（彼らを assist する）ではないとしている。これは，assist では助けられた本人が少なくとも事柄に参与しているからで，窮地にあれば全面的に助けるので，help のみ使えるのである。relieve は精神的に「助けて」，苦痛や心配を取り除くこと。

1. V：純粋に単独で現れるのは help と serve だけである。ただ，assist には上記解説にあるように，助けられる本人が事柄に参与しているから，それが明白の場合はその当人を省略できる。その結果，形としては自動詞構文が存在することになる。例：The nurse *assisted* in performing the operation.（その看護婦は手術を行うのを手伝った。）assisted のあとに the doctor（医者）が省略されている。

help
(1) It *helps* to carry a credit card with you while you are traveling abroad.
　　（海外旅行中はクレジットカードを持ち歩くと役に立つ。）

serve
（2） The greater *serves* for the lesser.（大は小を兼ねる。）

2．**V＋不定詞句**：help のあとの不定詞句は help の内容で、したがって、目的語である。これに対し、serve のあとの不定詞句は、その事柄に「ついて、関して」の意味を担い、したがって、副詞的働きをなし、その結果 serve は自動詞となる。
help＋不定詞句［目的語］
（3） He always *helps* (to) open the door for old people.（彼はいつも老人にドアを開けるのを手伝ってあげる。）
serve＋不定詞句［副詞的用法］
（4） A simple diagram *serves* to show how to operate the machine.（簡単な図解でも役に立って、機械の操作方法が分ります。）

3．**V＋V-ing 句**：この連語があるのは help のみである。一種の慣用句となっている。
help
（5） I can't *help* feeling that there is something wrong with my sister.（姉になにか都合の悪いことが起こっているという感じがしてならない。）

> 注：I can't *help* but feel that there is something wrong with my sister. も同じ意味。
> この help は「避ける」という意味になり、can, can't と共に用いられる。

4．**V＋名詞句**：全ての動詞にこの連語は可能である。意味の違いについては、冒頭の解説を参照。
help
（6） God *helps* those who help themselves.（神は自ら助くる者を助く。）
serve
（7） The old dictionary *served* me better than the new one does.（その古い辞書は新しいのよりも役に立った。）
aid
（8） This new project may *aid* your promotion.（この新しいプロジェクトは君の昇進を早めるかもしれない。）
assist

(9)　The gentleman *assisted* the lady from the car.（紳士は婦人が車から降りるのに手を差し伸べた。）

relieve

(10)　What is the best way to *relieve* stress?（ストレス解消の最良の方法はなんですか。）

5．**V＋名詞句＋名詞句**：この２重目的語の構文は serve のみ可能である。「変形操作の差」の２重目的語の項を参照。

serve

(11)　His wife served me coffee and toast.（彼の奥さんは私にトーストとコーヒーを出してくれた。）

> 注：His wife *served* me with coffee and toast. とも言い，これの方がより一般的である。

6．**V＋名詞句＋不定詞句**：この連語が可能なのは help と assist であるが，両者の違いは冒頭の解説を参照。

help

(12)　The new airport *helped* the city (to) get a better position in world trade.（新空港のお陰で，当市は世界貿易で優位な立場に立てた。）

> 注：名詞句のあとの不定詞句は原形不定詞句が多い。特にアメリカ英語においては，イギリス英語と比べて，圧倒的に多い。

assist

(13)　I am now *assisting* him to give his English speech at the reception.（私は今彼を助けて歓迎会で英語のスピーチが出来るようにしている。）

> 注：既述したように, assist の方が help よりも堅い言い方なので, assist 〜 in V-ing の方がより好まれる。Cf. I am now *assisting* him in giving his English speech at the reception. Cf.(27)

7．**V＋名詞句＋形容詞句**：この連語は serve のみ可能で，食事の給仕によく使われる。

serve

(14)　They should *serve* the soup hot in the restaurant.（レストランではスープは熱くして出すものだ。）

8．V＋名詞句＋副詞/前置詞句：一般的な副詞/前置詞句と違って，除くと文が成り立たない必要構成要素である。

help＋名詞句＋along/in/on［off］/to/with

(15) I made cakes to *help* her party along.（彼女のパーティを容易にするために私がケーキを作ってやった。）

(16) I *helped* my mother in preparing a special dinner.（私は母の特別な夕食の準備を手伝った。）

> コメント：ALT は不可算名詞の特定化について，次のようなコメントをした。 dinner は不可算名詞で，have［eat/make/cook］dinner として，不定冠詞の a がいらない。しかし，形容詞が加わって特定化されると，an early dinner（早い食事）/a late dinner（遅い食事）のように，不定冠詞が必要になる。なお，形容詞が付かなくても，「晩餐会」の意味のときは，dinner は hold［give］a dinner のように可算名詞になる。

(17) Will you *help* your little sister on/off with her coat?（あなたの小さな妹を助けてコートを着せて/脱がせてあげてね。）

(18) Please *help* yourself to more summer fruits.（もっと夏果物を召し上がってください。）

(19) When I was admitted into the club, my father *helped* me with the admission fee.（私がクラブへ入会を認められたとき，父が助けて入会金を払ってくれた。）

serve＋名詞句＋as/for/right/to/with

(20) His room *served* him as both a bedroom and a study.（彼の部屋は寝室と書斎を兼ねていた。）

(21) He *served* a life sentence for drug trafficking.（彼は麻薬の密売買で終身刑に服した。）

(22) She left her family miserable and became homeless. It *served* her right.（彼女は家庭を惨めな状態にして，自身ホームレスになってしまった。当然な成り行きだ。）

(23) The hotel *served* meals to us in our room.（ホテルは食事がルームサービスであった。）

(24) We will *serve* the soup with German bread.（スープにドイツパンをお付けします。）

aid＋名詞句＋in/with

(25) The company *aided* him in looking after his children during his

working hours.（会社は彼の実務時間に彼の子供の面倒を見ることで彼を助けた。）
(26) Our government *aided* the country with rebuilding after the earthquake.（わが政府はその国を助けて，地震後の再建援助をした。）

assist＋名詞句＋in/with
(27) Why don't you *assist* your grandmother in finding the money she lost?（おばあさんを助けて，無くしたお金を探してやったらどう？）
(28) Your grandmother always *assists* you with your chores.（おばあさんはいつもあなたの家事を助けている。）

relieve＋名詞句＋of
(29) May I *relieve* you of your backpack?（リュックサックをお取りしましょうか。）

9．V＋副詞/前置詞句：一つの成句になっている。

help＋out
(30) He was told to *help* out a local school.（彼は地方の学校の人手不足を補うように言われた。）
　　　　help out＝give help at a time of need

serve＋as/in/on/out
(31) Her hospitalization *served* as a warning to people of the same age.（彼女の入院は同年齢の人々に警告となった。）
　　　　serve as＝be good enough for
(32) Young people in Korea must *serve* in the army for three years.（韓国の青年は3年間兵役につかねばならない。）
　　　　serve in＝give service to
(33) She *served* on the executive board of the school festival.（彼女は学校祭実行委員を務めていた。）
　　　　serve on＝do work for
(34) He had, at last, *served* out his sentence.（彼はやっと刑期を終えた。）
　　　　serve out＝work until the end of
　　　　　コメント：out について ALT のコメントがあった。out は行為そのものよりも完成/完了を強調するから，動詞の完了形と一緒に使う方が better である。もし，out を使わなければ，完了形を使う必要がなく，単なる過去形の He

at last served his sentence. で十分である。普通は完了形には基準になる時点が存在するが，out 自体がそれを満たして，完了形にするようである。イギリス人とアメリカ人の ALT がともに同じ意見であった。

aid＋in
(35) No-smoking may *aid* in the prevention of lung cancer.（禁煙は肺がん予防に役立つであろう。）
  aid in＝give support to

assist＋in
(36) You are requested to *assist* in this project.（あなたはこの計画を助けるよう要請されている。）
  assist in＝support

B. 変形操作の差

	help	serve	aid	assist	relieve
1．2重目的語		○			
2．場所主語		○			
3．外置変形					○
4．with 変形		○			

1．**2重目的語**：いわゆる第3文型から第4文型に変える変形操作である。serve のみしかない。「連語関係の差」の5を参照。
serve
(37) First my wife *served* beer to the guests.（家内はまずビールを客に出した。）
(37′) First my wife *served* the guests beer.

2．**場所主語**：これも serve のみ可能で，場所の前置詞句（副詞的用法）から場所を表す名詞句を主語の位置に持ってくる変形操作である。
serve
(38) They can *serve* 500 people at a time in this hotel.（このホテルでは一時に500人に食事を出せる。）

(38′)　This hotel can *serve* 500 people at a time.

3．**外置変形**：文頭の重たい（長い）名詞句（節，不定詞句，動名詞など）を文尾に移動させる変形操作である。移動された後には仮主語の it が置かれる。普通は感情動詞に多く用いられ，ここの動詞群の中では精神的な苦痛からの解放を意味する relieve のみに可能である。

relieve

(39)　That her son was safe *relieved* Mary.（メアリーは息子が無事であったのでほっとした。）

(39′)　It *relieved* Mary that her son was safe.

4．**with 変形**：これも serve のみ可能で，直接目的語である「材料」を with の目的語にする変形操作である。「連語関係の差」の 5 の注を参照。

serve

(40)　I *served* herbal tea and cakes to my guests.（私はお客にハーブ茶とケーキを出した。）

(40′)　I *served* my guests with herbal tea and cakes.

17　労働関係

work, toil, labor, operate

共通意味：「働く」

A. 連語関係の差

	work	toil	labor	operate
1．V	○		○	○
2．V＋不定詞句	○ [目的を表す副詞句]		○ [目的/結果を表す副詞句]	
3．V＋名詞句	○		○	○
4．V＋名詞句＋形容詞句	○			
5．V＋名詞句＋副詞/前置詞句	○ [into/over/through/up/to]			
6．V＋副詞/前置詞句	○ [around [round]/around to/for/from/off/on/out/through/up]	○[away at/up [through/along]]	○ [under/up]	○ [as/on]

◇意味の概略相違表

V ＼ SF	仕事	任務	勉強	病気	陣痛	苦労	機能	効果	作品	移動	運転
work	A	A	A	C	—	B	A	A	A	A	A

toil	A	A	B	A	B	A	—	—		A	—
labor	A	A	C	A	A	A	—	B	C	B	—
operate	A	A	—	A	C	—	A	A	C	A	A

　意味的には，work が一般的で，幅広く使われる。人間の労働ばかりでなく，機械類の操作にまで及ぶ。toil は人間が長い時間をかけて退屈な，あるいは難しい仕事をする場合に用いられる。labor は人間が肉体的に，また精神的に骨折り仕事をする場合で，行為者の側に努力が見られる。operate は人間が行う場合は「手術，会社経営など」で，「働く」場合は機械類が行う。

1．V：4つの労働関係の動詞はそれだけで使われる自動詞用法の例が少なく，そのあとに副詞/前置詞句が続く連語形態が多い。その典型的な動詞が toil で，単独で使われる例がない。
work
（1）　The wound he got at war made him unable to *work* again.（戦争で受けた傷のため，彼は二度と働けなかった。）
labor
（2）　He *labored* all day in the fields.（彼は一日中田畑に出てせっせと働いた。）
operate
（3）　The new timetable *operated* more efficiently.（新しい時刻表はより効率的に機能した。）

2．V＋不定詞句：いずれも自動詞として機能しているから，不定詞句は副詞句と考える主張もあろう。事実，operate の場合に，The doctor *operated* to remove a tumor out of the patient's body.（医者は患者の体内から腫瘍を取り除くために手術をした。）では，明らかに operate は独立した働きをし，不定詞句は副詞句として作用している。しかし，work, labor の場合は，それぞれ次の不定詞句と一体化して働いて，一種の複合動詞として作用しているので，この連語で扱った。
　つまり，operate の場合は，The doctor *operated* and removed a tumor out

of the patient's body. と言い換えられるが，work と labor の場合は，The school is working and providing more help for mentally retarded children. とも He labored and practiced law. とも言い換えることが出来ない。

work＋不定詞句［目的を表す副詞句］

（4） The school is *working* to provide more help for mentally retarded children.（学校は知能遅れの子供たちにもっと援助を与えようと努力している。）

labor＋不定詞句［目的・結果を表す副詞句］

（5） He *labored* to practice law.（彼は努力して弁護士を開業した。）

3．V＋名詞句：toil を除いて，この連語は可能である。toil の他動詞用法を説明している辞書もあるが，大きな英英辞典には見当たらないし，英語話者も使わないようである。ここの意味の差は冒頭の意味相違表と解説を参照。

work

（6） My grandfather doesn't know how to *work* the computer.（祖父はコンピュータの使い方を知らない。）

labor

（7） When we felt a little tired of hearing him, he began to *labor* the point.（我々が少し聞き飽きてきた頃，彼はくどくどと話し始めた。）

operate

（8） He is the only person who knows how to *operate* the machine.（彼はその機械の操作を知っている唯一の人だ。）

4．V＋名詞句＋形容詞句：この連語は work しかなく，形容詞句は動作の結果を表す。

work

（9） He *worked* the rust-eaten safe open.（彼はやっとのことでさび付いた金庫を開けた。）

5．V＋名詞句＋副詞/前置詞句：この副詞/前置詞句は前の語句と結びついて，文の成立になくてはならないものである。

work＋名詞句＋into/over/through/up/to

（10） I have *worked* myself into the ground giving this presentation.（この発

(11) The gang *worked* me over on the street, but nobody stopped them.（通りで不良グループが私を散々殴り倒したが，誰も止める者がいなかった。）
(12) As his family was poor, he *worked* his way through college.（彼の家は貧しかったので，彼は働きながら大学を出た。）
(13) Here you go again. Don't *work* yourself up.（また例のようね。カッカしないでよ。）
(14) He had to *work* his fingers to the bone for his family.（彼は家族のために骨身惜しまず働かざるを得なかった。）

6．V＋副詞/前置詞句：一つの成句をなしている。
work＋around [round]/around to/for/from/off/on/out/through/up
(15) We have to *work* around the problem that our star player is unable to join the team.（我々のスター選手がチームに加われないという問題をうまく切り抜けなければならない。）
　　　　　work around [round]＝arrange so that you avoid
(16) He *worked* around to the most difficult problem he had ever had.（彼は今迄で一番難しい問題に徐々に近づいていった。）
　　　　　work around to＝gradually mention in a conversation
(17) He has been *working* for IBM for ten years.（彼は10年間IBMで働いている。）
　　　　　work for＝do a job that you are paid for
(18) A lot of housewives are *working* from home.（在宅勤務をしている多くの主婦がいる。）
　　　　　work from＝do part of a job at
(19) Jogging is good for *working* off nervousness.（ジョギングをやると神経質を解消するのに役立つ。）
　　　　　work off＝get rid of by work
(20) He *worked* on her to take on the volunteerism for charity.（彼は彼女に働きかけて，慈善のためのボランテアを引き受けるように説得した。）
　　　　　work on＝spend time influencing
(21) I can't go out to work until I've *worked* out who will take care of my children.（子供の世話を誰がやるかを考え出すまで，外に働きに出られな

い。）

    work out＝find by reasoning
     注：work out＝have a good result（良い結果を得る）の意もある。例：I don't know if his marriage is going to *work* out.（彼の結婚がうまく行くかどうか分らない。）

(22) They say it takes a long time to *work* through your sorrow when your beloved one dies.（最愛の人が亡くなると，悲しみを切り抜けるのに長いときがかかると言われている。）

    work through＝deal with

(23) He was successful in *working* up the data he collected into a report for the conference.（彼は集めたデータをうまく会議用のレポートにすることができた。）

    work up＝complete gradually（into）
     注：work up＝develop（奮い起こす）の意もある。例：I *worked* up my courage to express my opinion on the problem.（私は勇気を奮い起こして，その問題に関して意見を述べた。）

toil＋away at/up [through/along]

(24) He has been *toiling* away at the piano for twenty years.（彼は20年もピアノの猛稽古をしてきた。）

    toil away at＝work very hard for a long period of time at

(25) The old lady *toils* up the hill to get home every day.（その老婦人は毎日家に帰るのに丘を苦労して登る。）

    toil up＝move slowly with great effort

labor＋under/up

(26) I *labored* under the illusion that she knew everything I did.（私は彼女が私のやることすべてを知っているという幻想に囚われていた。）

    labor under＝be influenced by（a mistaken idea）

(27) He *labored* up the mountain to reach his destination.（彼は目的地に着くためにその山を苦労して登った。）

    labor up＝move on slowly with difficulty

operate＋as/on

(28) This town map *operates* as a guide for tourists.（この町地図は旅行者のガイドになる。）

operate as＝have a particular purpose for

(29) The surgeon who *operated* on him explained how the operation was done.（彼の手術をした外科医が手術がどのように行われたかを説明した。）
operate on＝cut into one's body for repairing

B. 変形操作の差

	work	toil	labor	operate
1. 能格変化	○			○
2. 中間動詞化	○			○
3. one's way 化	○			

1. **能格変化**：他動詞構文の目的語を自動詞構文の主語にする変形操作である。work にこの操作が可能なときは，人間の身体器官が「働く」という意味の場合のみである。

work
(30) Each movement in swimming *works* the muscles of your body in a different way.（水泳の一つ一つの動きによって，身体の筋肉が異なる仕方で動く。）
(30′) The muscles of your body *work* in a different way in accordance with each movement in swimming.

operate
(31) Toyota began to *operate* factories in China.（トヨタ自動車は中国に工場を持ち始めた。）
(31′) Toyota's factories began to *operate* in China.

2. **中間動詞化**：他動詞構文の動詞が中間動詞化され，受動態の意味を含んだ自動詞の構文を形成する変形操作である。副詞的要素が必ず伴う。

work
(32) Everybody *works* this machine easily.（この機械は簡単に動く。）
(32′) This machine *works* easily.

operate

(33) Everybody *operates* this supercomputer easily.（このスーパーコンピュータは簡単に操作できる。）

(33′) This supercomputer *operates* easily.

3. one's way 化：努力を伴った行為を表すとき，one's way が動詞に後続する。この形を形成する変形操作である。

work

(34) She *worked* so hard that she became head of department.（彼女は一生懸命働いて課長になった。）

(34′) She *worked* her way up to head of department.

18 位置関係

place, lay, deposit, put, set

共通意味:「置く」

A. 連語関係の差

	place	lay	deposit	put	set
1. V		○			○
2. V+名詞句	○	○	○	○	○
3. V+名詞句+名詞句				○	
4. V+名詞句+節		○ [that 節]			
5. V+名詞句+不定詞句					○
6. V+名詞句+V-ing句					○
7. V+名詞句+形容詞句		○		○	○
8. V+名詞句+副詞/前置詞句	○ [above/before]/on/under/with]	○ [against/at/before/for/on/to]	○ [in/with]	○ [about/at/before/down/in/into/on/out/past/straight/to/	○ [against/apart/back/in/off/on/right/to/up]

					up]	
9．V＋副詞/前置詞句		○ [about/ aside/ down/in/ into/off/ on/out/ over/up]		○ [across/ down/ forth/for- ward/in/ into/off/ on/out/up]	○ [about/ aside/ back/ down/ forth/in/ off/up]

◇**意味の概略相違表**

SF＼V	特定場所	特定状態	席	表現/翻訳	敷設/配置	整理/調整	溜る/貯まる	順位	賭け事	食事	出産
place	A	B	A	B	A	A	B	A	B	B	—
lay	B	B	B	C	A	A	A	C	A	A	A
deposit	A	—	B	—	C	C	A	—	B	—	B
put	A	A	A	A	A	A	B	B	A	B	B
set	A	A	A	B	A	A	B	B	B	A	A

　5つの動詞には，それぞれ「置く」という共通意味に語用論的なニュアンスが加わる。名詞 place に「特定の個別的場所」の意味があるように，動詞 place は「特定の場所に注意深く置く」の意味合いがある。lay は「横に広がりを持った場所に置く」の意味で，紙などの広がりをもったものを置くのに適する。deposit は堅い言い方で，形式ばった置き方をする。「銀行の中に置く」は預金の場合である。put は一般的な用語で，ものをある場所に移動して，置くときに使う。set は「置いて，据えとく」の意味で，何かの準備をするために備えて置く場合である。

1．V：lay には「卵を産む」の意があって，前後の文脈から「卵」が分るときは省略する。その結果，(1)のように表面的には自動詞構文になる。set は(2)のように「沈む」の意味を持っているが，「特定の場所」すなわち，西の水平線下に「沈む」と考えられる。

なお，アメリカ英語では競馬などの用語で，place に「2着になる」という自動詞があるが，一般的ではない。

lay

（1） The hens laid more than 20 eggs this morning, and are still *laying*.（雌鳥が今朝20個の卵を産み，まだ産んでいる。）

set

（2） The sun never *sets* in summer in Finland.（フィンランドでは夏，太陽は沈まない。）

2．V＋名詞句：全ての動詞にこの連語は可能である。意味の違いは冒頭の解説を参照。

place

（3） He *placed* the index in alphabetical order at the end of the book.（彼は本の最後にインデックスを ABC 順に並べた。）

lay

（4） They *laid* a pipeline from Russia to China.（ロシアから中国までパイプラインが敷かれた。）

deposit

（5） The volcano erupted and *deposited* layers of volcanic mud.（火山が爆発して，幾重の泥流がたまった。）

put

（6） He *put* his signature in agreement with the contract.（その契約に同意したことを表すためにサインをした。）

set

（7） His wife *set* the table for five of us.（彼の奥さんは我々5人用に食器をテーブルに並べた。）

3．V＋名詞句＋名詞句：2重目的語構文は set のみである。「変形操作の差」の2重目的語の項を参照。

set

（8） The teacher should *set* his students a good example.（先生は生徒たちによい見本とならなければならない。）

4．**V＋名詞句＋節**：この連語は lay のみ可能である。
lay＋節[that 節]
（9） He *laid* money that the team would go on to play the semifinal.（彼はチームが準決勝まで進む方に金を賭けた。）

5．**V＋名詞句＋不定詞句**：この使役的意味を持つ構文は set のみ可能である。
set
（10） The professor *set* me to do research on the problem of world peace.（教授は私に世界平和の問題を研究させた。）

6．**V＋名詞句＋V-ing 句**：これも set のみ可能な連語である。
set
（11） The earthquake *set* my house shaking hard.（地震で家が激しく揺れた。）

7．**V＋名詞句＋形容詞句**：lay，put，set の 3 動詞に可能であるが，put は特殊なケースである。put の注を参照。
lay
（12） He *laid* himself open to harsh criticism by his rude behavior.（彼の無礼な態度によって，彼は痛烈な批判にさらされた。）
put
（13） I at first thought he was German, but later he *put* me straight, explaining he was Austrian.（はじめは彼がドイツ人だと思ったが，あとで彼が私の違いを正してくれて，オーストリア人だと説明してくれた。）
　　　　注：補語となる形容詞は何でもよいというわけではなく，straight, right, fast, slow など限られている。辞書によっては，これらを副詞扱いするのもある。LDELC を参照。
set
（14） The kidnapper *set* him free in exchange for the money.（誘拐犯はお金と引き換えに彼を解放した。）

8．**V＋名詞句＋副詞/前置詞句**：これらの動詞は位置関係を示すから，名詞句のあとに続く副詞/前置詞句は「場所・経路」（比喩的用法も含めて）を表し，必要不可欠のものが多い。

place＋名詞句＋above [before]/on/under/with

(15) The day-care center *places* welfare above/before profit.（その保育所は利益よりも福祉を優先する。）

(16) He *placed* most of the blame for his failure on his father.（彼は彼の失敗の大半を父親のせいにした。）

(17) His imprisonment *placed* his family under financial pressure.（彼が投獄されたことで，彼の家庭は財政的に逼迫した。）

(18) I managed to *place* Harry with a publishing company.（私は何とかしてハリーを出版社に就職させた。）

lay＋名詞句＋against/at/before/for/on/to

(19) They *laid* charges against me for the accident.（その事故の責を私はかぶせられた。）

(20) We cannot *lay* the blame for the printer's errors at his door.（誤植を印刷者のせいにすることは出来ない。）

(21) He *laid* the bill before the committee.（彼はその法案を委員会に提出した。）

(22) The professor *laid* the basis for new electronics.（その教授は新しい電子工学の基礎を敷いた。）

(23) The gardener *laid* pieces of turf on the garden to make a lawn.（庭師は庭に芝を敷いて芝生をつくった。）

> コメント：turf と lawn の違いについて，ALT は次のように指摘した。lawn は可算名詞で芝を植えたところを指す。どんな広がりを持っていても，芝を敷き詰めた一画は a lawn となる。turf は芝土を移植用に四角に切り取ったものであるから，数える場合，pieces of turf となる。『ジーニアス』にも make a lawn by laying pieces of turf の例文があって，(23)の文の内容と一致している。

(24) The enemy's armies *laid* siege to the town.（敵の軍隊がその町を包囲した。）

deposit＋名詞句＋in/with

(25) It is advisable to *deposit* your valuables in the bank safe.（あなたの貴重品は銀行金庫に預けておいた方がよいです。）

(26) He *deposited* his will with the lawyer.（彼は自分の遺言書を弁護士に預けた。）

put＋名詞句＋about/at/before/down/in/into/on/out/past/right/to/up

(27) When she graduated from high school, she *put* it about that she had no intention to keep on studying.（高校を出たとき，彼女は勉強を続ける意図がないことを明らかにした。）

(28) Judging from her skin, I'd *put* her age at about 40.（彼女の肌の状態から判断すると，多分40ぐらいだ。）

> コメント：about について，ALT は語用論的に興味あるコメントをした。この about は必ず必要なもので，ないと文が成り立たないと主張した。なぜなら，書いている人は判断をしているわけだから，特定年齢の「40歳」と判断するには相当な科学的資料が必要になる。「40歳ぐらい」の漠然たる判断であるなら，推測だから許されるとのことである。

(29) Many people *put* self-assertion before self-criticism.（自己批判よりも自己主張を重く見る人が多い。）

(30) He always *puts* me down during class.（彼は授業中にいつも私を見下す。）

(31) I don't want to *put* you in a bad mood by doing this.（これをやって，あなたの気分を害したくない。）

(32) He was eager to *put* his theory into practice.（彼は自分の理論を実践に移したがっていた。）

(33) He *put* pressure on me to finish my homework by 6 o'clock.（彼は私が6時までに宿題を終えてしまうよう圧力をかけた。）

(34) He doesn't like to *put* you out by not living up to your expectations.（彼はあなたの期待に応えられないことで，余計な負担をかけさせたくないのだ。）

(35) I wouldn't *put* it past him to speak ill of others.（彼なら他人の悪口を言いかねないと思う。）

(36) He took me for another man, so I immediately *put* him right.（彼は私を別の人とまちがえたので，直ちに訂正させた。）

(37) Our teacher *put* the computer to use in class.（先生は授業中にコンピュータを利用した。）

(38) I wonder if Al can *put* me up for a night.（アルが私を一晩泊まらせくれないかなあ。）

set＋名詞句＋against/apart/back/in/off/on/right/to/up

(39) The ethnic cleansing *set* husband against wife.（民族浄化は夫婦間で戦

わせた。）
(40) Human rights *set* democracy apart from despotism.（人権によって民主主義と独裁主義には差が出る。）
(41) The coat *set* me back 50,000 yen.（そのコートは5万円かかった。）
(42) The scientist *set* the robot in motion.（科学者はそのロボットを動かしてみた。）
(43) You had better not talk about the war. You'll only *set* her off again.（戦争のことは話さない方がいいよ。彼女を泣かすだけだよ。）
(44) The police threatened to *set* their dogs on the rioters.（警察は暴徒に犬をけしかけると脅した。）
(45) He took me for another man, so I immediately *set* him right.（彼は私を別の人とまちがえたので，直ちに訂正させた。） Cf. (36)
(46) Though the company was in a slump, the president *set* employees to work as usual.（会社は景気が好くなかったけれども，社長はいつものように従業員を働かせた。）
(47) Bill thought that the police had tried to *set* him up, but he cunningly escaped from it.（ビルは警察が彼を嵌めようとしたと思い，巧みに避けた。）

9. V＋副詞/前置詞句：一つの成句をなしている。
lay＋about/aside/down/in/into/off/on/out/over/up
(48) He *laid* about a thief with an umbrella.（彼は傘で泥棒を攻撃した。）
　　　lay about＝attack wildly
(49) He *laid* aside his bag to see what was behind it.（彼はバッグを除けて，その後ろに何があるのか見た。）
　　　lay aside＝stop using for a time
(50) He *laid* down his life for a stranger on the street.（彼は通りの見知らぬ人のために命を捨てた。）
　　　lay down＝lose willingly in order to help others
　　　　注：lay down＝start the building of （建築をはじめる）の意もある。例：The foundations of the university were *laid* down in 1878.（その大学の創立は1878年であった。）
(51) He *laid* in extra bottles of beer for the coming week.（彼は次の週に備えて余分のビールを蓄えた。）

lay in＝obtain and store

(52) When they got out of the restaurant, they began to *lay* into one another. (彼らはレストランを出ると，互いに激しく摑みかかった。)

　　　　lay into＝attack physically or with words

(53) The big company *laid* off more than 500 employees in summer.（その大きな会社は夏に500名以上の従業員を一時解雇した。）

　　　　lay off＝stop employing for some period

　　　　　　注：lay off＝stop doing.（やめる）の意もある。例：I will *lay* off smoking for a while.（しばらくの間，タバコをやめよう。）

(54) My wife *laid* on a special dinner for my birthday party.（家内は私の誕生日パーティに特別な食事を用意した。）

　　　　lay on＝supply or provide

(55) How do you dare to *lay* out money on such a trifling thing?（そんなつまらないものにどうして大金を使う気なの。）

　　　　lay out＝spend money（a large amount）

　　　　　　注：これは口語的使い方で，もっと一般的な使い方は lay out＝spread out（広げる）の意である。例：I *laid* out her letter on the table for a lot of people to see.（私は彼女の手紙をテーブルの上に広げ，多くの人に見てもらった。）

(56) He *laid* over in Denver on the way to New York.（彼はニューヨークに行く途中，デンバーに立ち寄った。）

　　　　lay over＝stop over

　　　　　　注：これはアメリカで多く用いられている語法である。

(57) He was *laid* up for a few days with flu.（彼はインフルエンザで2，3日寝込んだ。）

　　　　lay up＝keep in bed with an illness

　　　　　　注：lay up＝collect and store for future use（蓄える）の意もある。例：Ants *lay* up food for the winter.（アリは冬用に食べ物を蓄える。）

put＋across/down/forth/forward/in/into/off/on/out/up

(58) He *put* across the important points of his plan.（彼は自分の計画の重要な点を説明した。）

　　　　put across＝cause to be understood

(59) The police *put* down the revolt against the government.（警察は政府に対する反乱を鎮圧した。）

put down＝bring under control

(60) The dogwood tree in the garden *put* forth new leaves.（庭のハナミズキが新芽を出した。）

  put forth＝produce and send out

(61) He *put* forward his suggestion about how to reduce waste.（彼はごみを少なくする方法の提案をした。）

  put forward＝suggest

(62) As director he *put* in a lot of energy for a new library.（彼は館長として新しい図書館に多くの精力を注いだ。）

  put in＝do or spend time

(63) I can't *put* into words how grateful I am for your help.（あなたの援助にどれほど感謝しているか言い表せない。）

  put into＝express

(64) The school *put* off the athletic meet until the next Saturday due to bad weather.（学校は悪天候のため，運動会を来週の土曜日に延期した。）

  put off＝postpone

(65) He has *put* on two kilos since he returned home from hospital.（彼は退院してから2キロ増えた。）

  put on＝increase in weight

   注：一般的な使い方で，put on＝get dressed in（着る）がよく使われる。例：He *put* on a hat and a coat, leaving the house.（彼は帽子とコートを着て，家を出た。）

(66) All the firemen tried to *put* out the wildfires.（消防士全員が山火事を消そうとした。）

  put out＝cause to stop burning

   注：put out＝upset（狼狽させる）の意もある：例：She was *put* out by his rough remarks about her speech.（彼女は，自分の演説について彼が乱暴な批評をしたので，狼狽した。）

(67) The shop *put* up neon decorations to attract customers.（その店はお客を呼び寄せるためにネオン装飾を立てた。）

  put up＝fix (a notice) in a public place

set＋about/aside/back/down/forth/in/off/up

(68) A team of students *set* about international volunteer work.（学生の一団

は国際ボランティア活動に乗り出した。)

    set about＝start

(69) He told the members of the association to *set* aside any minor differences to achieve greater unity. (彼は協会の会員に小さな違いを除いて，大きな統一を図ろうと言った。)

    set aside＝leave out of consideration

     注：set aside＝save for a special purpose（特別に貯める）の意もある。例：He *set* aside a large sum of money for his daughter.（彼は娘のために多額のお金を貯めた。）

(70) Protests from the public *set* back all the reforms he tried to make. (大衆からの抗議で彼がしようとしていた改革は白紙に戻った。)

    set back＝delay the development of

(71) The manager *set* down the rules for dealing with new foreign members. (支配人は外国からの新しいメンバーの扱い方の規則を設定した。)

    set down＝establish as what must be done

     注：受動態で使われるケースが多い。

(72) Mr. Shirase *set* forth on his Antarctic expedition in 1912.（白瀬氏は1912年南極遠征に出発した。)

    set forth＝begin a journey

     注：堅苦しい言い方である。

(73) We are suffering from a shortage of water, because summer has *set* in with no rain at all. (雨が全く降らなくて夏入りしたので，水不足で困っています。)

    set in＝begin and probably continue

(74) Someone must have *set* off the alarm clock. It's ringing loudly. (だれかが目覚ましを押してしまったに違いない。鳴り響いているよ。)

    set off＝cause to explode

     注：(72) set forth と同じような意味「旅に出る」を担う場合がある。

(75) The committee *set* up meetings about the current issues of interest. (委員会は最近の関心事についての会合の用意をした。)

    set up＝establish or arrange

     注：set up＝produce or cause.（起こす）の意もある。例：The yellow sand from China *set* up dangerous driving conditions in Japan.（中国からの黄砂のため，

日本に危険な交通状態が起きた。）

B. 変形操作の差

	place	lay	deposit	put	set
1．場所・覆い［材料・製品］入れ替え		○			
2．受動態	○	○	○		○
3．２重目的語					○
4．with 変形					○

1．**場所・覆い入れ替え**：場所の名詞句と覆いの名詞句を入れ替える変形操作で材料・製品入れ替えと同じである。Levin.（1993：p.112）は lay に関して，この変形は出来ないとしているが，実際にはかなり見かけるし，ALT も OK としている。

lay
(76) He *laid* a red carpet on the floor.（彼は床に赤い絨毯を敷いた。）
(76′) He *laid* the floor with a red carpet.

2．**受動態**：他動詞構文の目的語を受動文の主語に移す変形操作である。
place
(77) US *placed* him second in the marathon.（彼はマラソンで２着だった。）
　　　US＝Unknown Subjec.（不明の主語）
(77′) He was *placed* second in the marathon.
lay
(78) US *laid* the pavement poorly.（道路の舗装はよくなかった。）
(78′) The pavement was poorly *laid*.
deposit
(79) US *deposited* a thick layer of soil after the tsunami.（つなみのあと，厚い土の層が堆積した。）
(79′) A thick layer of soil was *deposited* after the tsunami.

set

(80) US *sets* that film in the Edo period.（その映画は江戸時代を舞台にしている。）

(80') That film is *set* in the Edo period.

3. **2重目的語**：いわゆる第3文型を第4文型にする変形操作である。前置詞 for が来るか，to が来るかは文全体の意味で決まる。(81)において，その選手が子どもたちのために意図的に模範となったのなら，子どもたちは「受益者」で for が来るが，単に宣伝のためにモデルになって，それがたまたま子どもたちの模範になったのなら，to が来る。

set

(81) The player *set* a good role model for/to children.（その選手は子どもたちのよい模範となった。）

(81') The player *set* children a good role model.

4. **with 変形**：主語と前置詞句の目的語が入れ替わって，装飾材料の名詞句が with を伴って現れる構文にする変形操作である。

set

(82) Two big pearls are *set* in the brooch.（2つの大きな真珠がブローチにはめ込まれている。）

(82') The brooch is *set* with two big pearls.

19　感覚関係

feel, touch, perceive, experience

共通意味:「感じる」

A.　連語関係の差

	feel	touch	perceive	experience
1．V	○	○		
2．V＋節	○ [that 節/wh-節]		○ [that 節/wh-節]	
3．V＋名詞句	○	○	○	○
4．V＋名詞句＋不定詞句	○		○	
5．V＋名詞句＋V-ing 句	○		○	
6．V＋名詞句＋形容詞句/過去分詞	○			
7．V＋名詞句＋副詞/前置詞句		○ [for/on/with]	○ [as]	
8．V＋形容詞句	○			
9．V＋副詞/前置詞句	○ [about/for/like/out/up (to)]	○ [down/off/up]		

◇意味の概略相違表

V\SF	触覚	知覚	心的影響	感性的判断	楽器	診断	関係	筆遣い	交渉	経験/体験
feel	B	A	A	A	B	A	A	B	A	B
touch	A	B	A	A	A	B	A	A	A	B
perceive	B	A	B	A	B	B	B	B	B	A
experience	C	A	A	B	B	C	A	C	C	A

　語法上では feel と perceive の類似点が高いが，意味上では feel と touch の類似点が高い。この二つの組み合わせに共通して現れる feel が基礎的で，一般的に「感じる」の意。perceive は文語調で，やや堅苦しい。touch は手の動作を強調し，手で触れて「感じる」の意。touch を使った文と feel を使った文を比較すると，違いが分る。
（a）　He *touched* her forehead.（彼は彼女の額に手を触れた。）
（b）　He *felt* her forehead.（彼は彼女の額に手を当ててみた。）
　前者の He は彼女の恋人のような存在で，愛情の表現として彼女の額に触ったのかもしれない。後者の He は医者の立場のような存在で，熱があるかどうか彼女の額に触ったのである。feel は基礎的であるだけに，「感じる」主体が文中に表れない場合にも使われる。
（c）　Your silk *feels* nice and smooth.（あなたの着ているシルクは手触りが良くて気持ちがいい。）
　最後に，experience は感覚的な経験で，「感じる」ことから，次の認識段階に移って状況を体験するのである。

1.　V：perceive と experience に単独で現れる自動詞がないのは，それぞれの動作の対象物を必要とするからで，他方，feel と touch はそれ自体に触覚があって自発的に働くからである。
feel
（1）　We can *feel*, while the dead can not.（私たちは感じることはできても，死者は出来ない。）
touch

（2）She smiled and said, "Cheers!" as our glasses *touched*.（グラスが触れたとき，彼女は微笑んで,「乾杯！」と言った。）

2．**V＋節**：この連語が取れるのは feel と perceive のみである。この2動詞には抽象的な内容を感知する働きがあるからである。

feel＋節 [that 節/wh-節]
（3）Some teachers *feel* that the new curriculum will not work out well.（新しいカリキュラムがうまく機能しないと感じている先生がいる。）
（4）He could *feel* how hard it was to carry out his plan.（彼は自分のプランを遂行することがいかに大変か感じていた。）

perceive＋節 [that/wh-節]
（5）He *perceived* that there was some mastermind behind the scenes.（彼は事件の背後に誰か首謀者がいるのだと気がついていた。）
（6）I could not *perceive* how much he had changed since he left Japan.（彼が日本を出てからどんなに変ったか私には分らなかった。）

3．**V＋名詞句**：4つの動詞にこの連語は可能である。意味の違いについては冒頭の相違表と解説を参照。

feel
（7）When I fell from the steps, I *felt* pain all over.（階段から落ちたとき，全身に痛みを感じた。）

touch
（8）He has a habit of *touching* his hat in greeting.（彼は挨拶のとき，帽子に手をかける癖がある。）

perceive
（9）Can you imagine that cats and dogs are not able to *perceive* color?（犬猫が色を知覚出来ないって想像できますか。）

experience
（10）Quite a few old people will *experience* problems of social isolation.（社会的孤立の問題を経験する高齢者がかなりいるだろう。）

4．**V＋名詞句＋不定詞句**：同じ感覚動詞でも，feel は原形不定詞句を取り，perceive は通常の不定詞句を取る。統語的には2と関連がある。

feel

(11) She suddenly *felt* her right leg begin to ache.（彼女は右足が急に痛み始めるのを感じた。）

perceive

(12) He *perceived* you to be unfriendly.（彼はあなたがよそよそしいと感じていた。）

5．**V＋名詞句＋V-ing 句**：この連語も feel と perceive のみ可能である。4 と 5 との違いは，前者が出来事の全体を捉えているのに対し，後者は出来事が現在進行中であることを示している。

feel

(13) I *felt* my heart beating fast.（鼓動が速くなるのを感じた。）

perceive

(14) He *perceived* her sitting behind him.（彼は彼女が背後に座っているのに気がついた。）

6．**V＋名詞句＋形容詞句/過去分詞**：一般的感情表現を表す feel のみに可能である。

feel

(15) I *felt* myself unwanted there.（私はそこで必要とされてないと感じた。）

7．**V＋名詞句＋副詞/前置詞句**：この副詞/前置詞句はこの連語成立に必要なものである。

touch＋名詞句＋for/on/with

(16) When I left home, I *touched* my sister for twenty dollars.（家を出るとき，姉に20ドル無心した。）

(17) I *touched* him on the shoulder, saying "Hi."（私は彼の肩に触れながら，「やあ」と言った。）

(18) I wouldn't *touch* him with a bargepole.（私は彼が毛嫌いで御免こうむる。）

perceive＋名詞句＋as

(19) I *perceived* his idea as an illusion.（私は彼のアイデアは錯覚だと受け取った。）

8. **V＋形容詞句**：いわゆる連結動詞として，そのあとに補語をとるのは feel のみである。
feel
(20)　I *felt* tired from working hard on my homework.（宿題を一生懸命やったので疲れた。）

9. **V＋副詞/前置詞句**：ひとつの成句をなしている。
feel＋about/for/like/out/up（to）
(21)　How do you *feel* about changing jobs so often?（仕事をそんなに変えるのをどう考えているのですか。）
　　　　　feel about＝take a view of by feeling
(22)　He *felt* for the purse in his pocket in vain.（彼はポケットの中の財布を手探りしたが，なかった。）
　　　　　feel for＝search with the fingers
　　　　　　　注：feel for＝feel sympathy for.（同情する）の意もある。例：I really *feel* for the wounded soldiers who fought in Iraq.（イラクで戦って負傷した兵士にまことに同情する。）
(23)　He didn't *feel* like getting out of bed.（彼はベッドから出たくなかった。）
　　　　　feel like＝want to do（something）
(24)　I *felt* out my friends before putting my plan into practice.（私のプランを実行に移す前に友人の意向を打診した。）
　　　　　feel out＝get（someone's）opinions
　　　　　　　注：口語体のアメリカ英語である。
(25)　I didn't *feel* up to driving as far as Tokyo.（東京まで車を運転する気力がなかった。）
　　　　　feel up to＝have the strength to do

touch＋down/off/up
(26)　Our plane *touched* down at Narita Airport at 10:00 sharp.（飛行機は10時ぴったりに成田空港に着陸した。）
　　　　　touch down＝land
(27)　The terrorists' attack *touched* off a war in Iraq.（そのテロ攻撃がイラクの戦争を引き起こした。）
　　　　　touch off＝start

(28) She *touched* up her makeup before giving her speech. (彼女は演説を始める前に化粧を直した。)
　　　　touch up＝improve by making small changes

B. 変形操作の差

	feel	touch	perceive	experience
1. 場所副詞前置	○			
2. 身体部位目的語		○		
3. 重主語		○		

1. **場所副詞前置**：文尾の場所を表す前置詞句を文中に移動させる変形操作である。
feel
(29) I *felt* for the coins in my pocket. (ポケットの中のコインを手探りした。)
(29′) I *felt* in my pocket for the coins.

2. **身体部位目的語**：身体と不分離の関係にある部位を所有の関係に結びつける変形操作である。
touch
(30) I *touched* the boy on the head. (私は少年の頭に触った。)
(30′) I *touched* the boy's head.

3. **重主語**：いわゆる均衡動詞である touch を使って、均衡関係にある複数の名詞句を結びつけて、主語の位置に持ってくる変形操作である。
touch
(31) India *touches* Pakistan. (インドはパキスタンと隣り合っている。)
(31′) India and Pakistan *touch*.

　　　　　　注：均衡動詞とはAとBがどの順序で繋いでも関係が同じものである。上記 touch はAがBに触れても、BがAに触れても、両者が触れている関係は同じである。同様な動詞としては、kiss (接吻する), marry (結婚する), collide (衝突

する)などがある。

20　願望関係

want, wish, desire, hope, need

共通意味：「望む」

A. 連語関係の差

	want	wish	desire	hope	need
1. V		○			
2. V+節		○ [that 節]		○ [that 節]	
3. V+不定詞句	○	○	○	○	○
4. V+V-ing 句	○				○
5. V+名詞句	○	○	○		○
6. V+名詞句+名詞句		○			
7. V+名詞句+不定詞句	○	○	○		○
8. V+名詞句+V-ing 句	○				
9. V+名詞句+形容詞句/過去分詞句	○				○

10．V＋名詞句＋副詞/前置詞句		○ [away/on/well]				
11．V＋副詞/前置詞句	○ [for/in/out]	○ [for]			○ [for]	

◇意味の概略相違表

V ＼ SF	希望	仮定	欲望	必要	困窮	祝福	要請	欲情	期待
want	B	—	A	A	A	C	A	C	A
wish	A	A	B	C	C	A	A	C	B
desire	A	—	A	C	C	C	B	A	B
hope	A	—	C	C	—	A	B	C	A
need	C	C	C	A	A	C	B	C	B

　同じように願望を表すが，その質と程度が異なる。その中で，want が一般的で，多用されるが，ややぶっきらぼうな響きがある。wish はよく仮定法と共に用いられ，実現不可能な事柄を願う文脈で用いられる。hope は逆に実現可能性があるような事柄を希望するときに用いられる。desire はやや堅苦しい言い方で，強い望みを表す。need は必要な事物・事柄の実現を望むときに用いられる。

1．V：「困窮」を表す want の自動詞は存在するが，それとても，want for の連語を作るし，アメリカ英語で「出入りしたい」の want も in か out が後続する。したがって，独立した自動詞の want はない。hope も同様で，自動詞としては hope for の連語はあるが，単独の自動詞の形は滅多に見かけない。desire と need には本来自動詞形はない。ただ，need が否定文などで助動詞的に使われる場合は単独で現れるが，あくまでも助動詞用法である。

wish

（1）　"I'd like to be committed to my wife." "As you *wish*."（「妻に対して節操を守りたいのです。」「どうぞ，お望みどおりに。」）

2. **V＋節**：hope が that 節を伴うとき，その否定形の do not hope は存在しない。「変形操作の差」の「that 節代用」を参照。

wish＋節［that 節］

（2） Jane *wished* that everybody in the world would be her friend.（ジェーンは世界中の誰もが自分の友達であればいいなと思った。）

hope＋節［that 節］

（3） Meg *hoped* that Jim wouldn't notice her avoidance.（メグはジムを避けていることにジム自身が気づかないよう望んだ。）

3. **V＋不定詞句**：〈V＋不定詞句〉ではすべての動詞が使われるが，〈V＋節〉や〈V＋名詞句〉では用法に差が表れるので注意。

want

（4） She always *wants* to go to Austria.（彼女はいつもオーストリアに行きたがっている。）

wish

（5） I *wish* to see the father right now.（今すぐに神父さんにお会いしたいのですが。）

desire

（6） My daughter *desires* to become an interpreter.（娘は通訳になりたいと強く望んでいる。）

hope

（7） I had *hoped* to send an e-mail to you.（あなたに E メールを送ろうとしたのですが。）

need

（8） We didn't *need* to ask you to come to our house.（あなたに我が家に来てもらう必要がありませんでした。）

> 注：これはアメリカ英語で，イギリス英語では We needed not ask you ... のような助動詞的用法も使われる。1の解説を参照。

4. **V＋V-ing 句**：want, need ともに，主語は意味的には V-ing の目的語であり，したがって，文全体は受身的な意味で捉えられる。

want

（9） I can fix your Cadillac whenever it *wants* repairing.（君のキャデラック

の修理が必要な時はいつでも直してあげるよ。）

need
（10）　My house *needs* painting right now.（私の家は今すぐペンキを塗る必要がある。）

5．V＋名詞句：基本的には進行形が不可能であるが，以下のように，一時的状況の強調場面には適切な場合もある。
（11）　The baby seems to be *wanting* something to drink.（その赤ん坊は何か飲み物を欲しがっているようだ。）

want
（12）　If you *want* someone's advice, ask Prof. McDonald for it.（もしあなたが誰かの忠告を求めるなら，マクドナルド教授に尋ねなさい。）

wish
（13）　"Do you *wish* some more bread?"（「もう少しパンをいかがですか。」）
　　　　　　　注：堅苦しい言い方で，普通は wish for 〜 を使う。

desire
（14）　She *desired* a child with her husband for a long time, but in vain.（彼女は長い間夫との間に子をもうけたかったが，むなしかった。）

need
（15）　Johnson *needed* a help to read Japanese web sites.（ジョンソンは日本語のウェブサイトを読むための助けが必要だった。）

6．V＋名詞句＋名詞句：wish のみにこの２重目的語構文が可能で，通常挨拶文に使われる。

wish
（16）　He sent me a Christmas card, saying, "I *wish* you a merry Christmas."（彼は私にクリスマスカードを送ってきて，「楽しいクリスマスを」と書いてあった。）

7．V＋名詞句＋不定詞句：目的語の位置にある名詞句は受動文の主語に持ってくることは出来ない。なぜなら，V は〈名詞句＋不定詞句〉全体を目的語として取っているからである。例：I *wanted* him to come here.（彼にここに来てもらいたかった。）→*He was *wanted* to come here. なお，「変形操作の差」の受動

態の項を参照。

want

(17)　Ted just *wanted* her to know he loved her.（テッドは彼女のことを愛していることを彼女に知って欲しかっただけだだ。）

wish

(18)　Bob *wished* somebody to come to the party with him.（ボブは誰か一緒にパーティーに来てくれないかと願った。）

desire

(19)　Jack *desired* Rose to dance with him.（ジャックはローズが一緒に踊ってくれるよう強く願った。）

need

(20)　I *need* you to help me with the homework.（あなたに宿題を手伝ってほしい。）

8．V＋名詞句＋V-ing 句：この連語が可能なのは want のみである。

want

(21)　He does not *want* the audience laughing at him when he is talking.（彼は話中に聴衆に笑われたくない。）

9．V＋名詞句＋形容詞句/過去分詞：名詞句と形容詞句（過去分詞）の間に to be を補うことも可能である。

want

(22)　I *want* my coffee bitter, black and scalding.（私はコーヒーは苦くてブラックでとても熱いのがいい。）

(23)　I *want* my baggage delivered today.（私の荷物を今日配達してもらいたい。）

need

(24)　I *need* you sober as a judge during the party.（パーティの間中全くの素面でいてもらいたい。）

(25)　I *need* my jacket mended.（私はジャケットを繕ってもらいたい。）

10．V＋名詞句＋副詞/前置詞句：この副詞/前置詞句はこの連語に必要な構成要素である。wish のみに存在する。

wish＋名詞句＋away/on/well

(26) I don't *wish* my life away.（未来ばかり考えているわけではない。）

(27) I was mugged on the street. I wouldn't *wish* it on anybody.（通りで強盗にあった。他の人にはあんな目に遭ってもらいたくないね。）

(28) He *wished* me well in my journey.（彼は旅行中元気でねと言ってくれた。）

11．V＋副詞/前置詞句：一つの成句をなしている。

want＋for/in/out

(29) Simon has never *wanted* for money due to an inheritance from his father.（サイモンは父からの遺産があるため金に困ったことはない。）

　　　　　want for＝lack
　　　　　　　注：通常は疑問文や否定文に使われ，衣食住に関する困窮の内容が多い。

(30) "We will go to Canada this summer. You *want* in, John?"（「私たちはこの夏カナダに行く予定だ。一緒に行きますか，ジョン？」）

　　　　　want in＝want to be involved in（something）

(31) He was too busy to keep company with them, so he *wanted* out.（彼は忙しすぎて彼らと付き合っておられなかった。そこで，仲間から外してもらった。）

　　　　　want out＝want to stop being involved in（something）

wish＋for

(32) People have a ceremony to *wish* for a good harvest in agricultural communities.（農業地域では，人々は豊作祈願のお祭りをします。）

　　　　　wish for＝want（something）to happen
　　　　　　　注：wish for は通常，容易に手に入れられないもの，入手困難なものを「望む」場合に用いる。(32)はこの場合の一つである。

hope＋for

(33) Morrison *hoped* for a new world of equality and justice.（モリスンは平等で公正な新しい世界を待望した。）

　　　　　hope for＝wish and expect

B. 変形操作の差

	want	wish	desire	hope	need
1．受動態				○ (it-that 節)	○ (不定詞句内)
2．that 節代用				○	
3．2重目的語		○			

1．**受動態**：5つの動詞の中で，仮主語 it が真主語節を指す文で受身形が取れるのは hope だけである。他の動詞は特殊の wanted を除いて，名詞句が主語になるような普通の受動態でも，使われることは少ない。例：He was *wanted* by the police.（彼は警察のお尋ね者だった。）

　また，(35) の needs を wants に代えることが出来るが，不定詞句内を受動態にすると，needs しか使えない。「連語関係の差」の7の解説を参照。

hope（it-that 節）
(34)　We *hope* that our students will make friends with the local students.
　　　（わが学生が現地の学生と友達になるよう望む。）
(34′)　It is *hoped* that our students will make friends with the local students.

need（不定詞句内）
(35)　My watch *needs* repairing.（時計は修理が必要だ。）
(35′)　My watch *needs* to be repaired.

2．**that 節代用**：so を使って that 節に取って代わる変形操作である。that 節が否定される場合には，"I hope not." となる。

hope
(36)　"Do you think he will win the race?" "I *hope* that he will win the race."
　　　（「彼がレースに勝つと思うか。」「そのように望むね。」）
(36′)　"Do you think he will win the race?" "I *hope* so."

3．**2重目的語**：いわゆる第3文型から第4文型に変える変機操作であるが，第4文型，すなわち，(37′) のような2重目的語構文で使われる方が多い。しかも，慣用句的用法では2重目的語構文の方が普通。例：I *wish* you luck.（幸運を祈

る。）なお，「連語関係の差」の 6 を参照。

wish

（37）　He *wished* a good journey to me.（彼は私によい旅行でありますようにと言った。）

（37′）　He *wished* me a good journey.

21.1 認識関係(1)

know, comprehend, understand, learn

共通意味:「知る」

A. 連語関係の差

	know	comprehend	understand	learn
1．V	○		○	○
2．V＋節	○[that 節/wh-節]	○[that 節/wh-節]	○[that 節/wh-節]	○[that 節/wh-節]
3．V＋不定詞句	○			○
4．V＋名詞句	○	○	○	○
5．V＋名詞句＋不定詞句	○		○	
6．V＋名詞句＋V-ing句			○	
7．V＋名詞句＋副詞/前置詞句	○ [by/for/from]			○ [from]
8．V＋副詞/前置詞句	○ [about/of]		○ [about]	○ [about [of]/from]

◇意味の概略相違表

V \ SF	事実	認識	自覚	面識	技能/外国語	識別	学習	解釈	PC
know	A	B	B	A	A	A	B	B	—

comprehend	B	A	B	B	B	A	B	A	—
understand	B	A	A	C	A	B	B	A	—
learn	B	B	B	C	A	B	A	B	A

 know と understand とはかなり共通部分があり，(8)の understand を know に代えても，意味に大差は無い。一般に，know は事実・情報を「知っている」のであり，understand は意味・意義・本質・真意を「知っている」のである。comprehend は understand に近いが，やや堅苦しい単語。learn については1の解説参照。

1．V：know と understand が自動詞で単独で使われるのは，会話の時がほとんどである。同じ「知る」でも，learn は「学んで知る」の意味をもつ。
know
(1) You *know*, we're talking about a big problem.（わかっていると思いますが，私たちは大きな問題について話しているんですよ。）
understand
(2) You'll *understand* sooner or later.（いずれわかることです。）
learn
(3) Many excellent teachers can help you *learn* quickly.（多くの優秀な先生たちが，あなたの効率のよい学習を助けるでしょう。）

2．V＋節：抽象的な内容理解に全ての動詞が関与しているから，全ての動詞にこの連語が起こり，全てが［that 節/wh-節］と共起する。
know＋節 [that 節/wh-節]
(4) I *know* that you love me, but I can't love you any more.（君が愛してくれているのは知っているが，もうこれ以上君を愛せないのだ。）
(5) I don't *know* how I write a letter in English.（私は英語での手紙の書き方がわからない。）
comprehend＋節 [that 節/wh-節]
(6) She *comprehended* that the boy was asking for food.（彼女は少年が食べものを要求していることがわかった。）

（7） I did not fully *comprehend* why he did not visit me yesterday.（私には彼がなぜ昨日私を訪ねてこなかったのか完全には理解できなかった。）

understand＋節［that 節/wh-節］

（8） I *understand* that she left for the United States to see her uncle.（彼女が叔父に会いにアメリカに出発した事を知っています。）

（9） I didn't fully *understand* what he was going to tell me.（彼が私に何を告げようとしたのか完全には理解していなかった。）

learn＋節［that 節/wh-節］

（10） I *learned* that he was much younger that I had thought.（彼は私が考えていたよりずっと若いことを知った。）

（11） I *learned* how they play poker.（私はポーカーのやり方を学んだ。）

3．**V＋不定詞句**：learn の場合は，〈learn to 〜〉「〜するようになる」という意で，〈come to 〜〉に近い使い方である。

know

（12） People *know* not to go out after curfew.（夜間外出禁止令がでたら，表に出てはならないことを人々は知っている。）

learn

（13） He is *learning* to speak English.（彼は英語が話せるようになっている。）

4．**V＋名詞句**：全ての動詞にこの連語は起こる。意味の違いは冒頭の解説を参照。

know

（14） I don't *know* the solution to racial discrimination.（私は人種差別への解決策を知らない。）

comprehend

（15） I *comprehend* his suggestion that we should each read one chapter of the text.（テキストを１章ずつ読むという彼の提案には納得する。）

understand

（16） He didn't *understand* German at all, when he arrived in Frankfurt.（彼がフランクフルトに到着したとき，ドイツ語が全然分らなかった。）

learn

（17） A lot of kindergarten children are *learning* English in Japan.（日本では

英語を習っている幼稚園児が多い。)

5. **V＋名詞句＋不定詞句**：認識動詞であるから，目的語に強制させる使役の意味はない。したがって，それぞれの目的語は〈名詞句＋不定詞句〉の全体である。しかし，実際に使われる文は受動態が圧倒的に多い。

know
(18) His statement is *known* to be true. （彼の供述は真実だと知られている。）
   注：この文は They *know* his statement to be true. という能動文から生まれた受動文であるが，能動文の方は形式ばった言い方である。能動文が普通使われるのは know が see か hear の意味を持つときで，(19)のような過去か完了時制の文で現われ，英国式である。(LDELC)

(19) Nobody has *known* him to shout angrily. （彼が怒って怒鳴り声を上げるのをだれも知っていない。）

understand
(20) They were *understood* to mean that they would meet with us. （彼らは私たちと会うと思われていた。）
(21) We *understood* them to mean that they would meet with us （彼らが私たちと会うつもりだと思った。）
   注：know のような過去と完了時制という制限はないが，やはり受動文が能動文よりも多く使われる。なお，〈～ NP to V〉の V には mean 以外に，be, say や完了形がくる。Cf.『ジーニアス』

6. **V＋名詞句＋V-ing 句**：この連語が可能なのは，understand のみである。目的語の位置にある名詞句の現在の動作を表す。なお，『ジーニアス』には，know の項に I have never known him behaving like that. （彼があんなふうにふるまうとは初めて知った。）とあるが，see, hear に準じたもので，例外的である。

understand
(22) I can't *understand* her abusing her children like that. （彼女があんなふうに子供を虐待するのが理解できません。）

7. **V＋名詞句＋副詞/前置詞句**：この副詞/前置詞句はこの連語に必要な構成要素である。

know ＋名詞句＋by/for/from
(23) I *know* her by sight, but have not spoken to her yet. （彼女は見たことは

あるけど，話しかけたことはない。）
- (24) Frankly speaking, I *knew* her for a warm-hearted lady.（率直に言って，彼女は思いやるのある淑女だと思っていた。）
- (25) Those kids did not *know* right from wrong.（その子供たちは善悪の区別が出来なかった。）

learn＋名詞句＋from
- (26) You can *learn* many things from volunteer activities.（ボランティアの活動から多くを学ぶことが出来る。）

8．V＋副詞/前置詞句：一つの成句をなしている。
know＋about/of
- (27) I don't *know* about you, but I will vote for the candidate I like.（君がどうするか知らないけど，私は好きな候補者に投票するよ。）

　　　　　know about＝have a faint idea of what one does or what one is
- (28) Do you *know* about this singer? I don't *know* much about her.
（この歌手について知っていますか。―いいえ，よく知りません。）

　　　注：know about の連語は(27)のような否定文では，〈about＋名詞句〉の名詞句の行動予想がつかなくて，その行動に関係なく，自分は自分の行動をとるときに使う。(28)のような肯定文では，名詞句の外面を知っているが，直接会ったり，見たりしたことのない場合に使う。

　　　コメント：know much と know well について，ALT は次のように説明した。Do you know about this singer? の場合，「この歌手について，どれだけ知っているのか。」を問うているので，a lot, much, a little 等がくる。もし，Do you know this singer? なら，直接歌手本人を面識しているのかを聞いているので，well がくる。

- (29) Was there any telephone call for me? Not that I *know* of.（私に何か電話がありましたか。私の知る限りではありません。）

　　　　　know of＝have heard of

understand＋about
- (30) She still can't *understand* about war for the sake of peace.（彼女は平和のための戦争のことが理解できないでいる。）

　　　　　understand about＝know about and be able to explain the nature of

learn＋about [of]/from
- (31) We were shocked to *learn* about [of] her divorce.（彼女の離婚の事を

知って，私たちはショックを受けた。)
>　　　learn about [of]＝become informed of
>　　　　注：know の場合と同様，learn about [of]は間接的な情報を受ける意味である。

(32)　He *learned* a lot from his own mistakes.（彼は自身の間違いから多くを学んだ。）
>　　　learn from＝gradually understand a situation affected by

B.　変形操作の差

	know	comprehend	understand	learn
1. 目的語省略	○		○	○
2. 受動態	○		○	
3. 主語上昇	○		○	

1.　**目的語省略**：主に会話表現において，know と understand の目的語がなくなるときがある。意味としては「知ってるよ」，「わかったよ」というような比較的軽い表現から，ちょっとイライラして「知ってるよ！」，「わかったよ！」という表現，または「承知しています」，「心得ております。」という表現まで幅広く使える。

know
(33)　When you get a new e-mail address, let me *know* when you get it.（新しい E メールアドレスを手に入れたら，知らせてくれ。）
(33′)　When you get a new e-mail address, let me *know*.

understand
(34)　Your telephone calls often disturb me. Don't you *understand* that they often do so?（貴方の電話で時々迷惑するのだ。わからないかな。）
(34′)　Your telephone calls often disturb me. Don't you *understand* ?

learn
(35)　I've told him many times to not smoke, but he never *learns* to not smoke.（彼に煙草をやめなさいと何回も言ったのだが，彼は全然聞かない。）
(35′)　I've told him many times to not smoke, but he never *learns*.

2. **受動態**：目的語の that 節を仮主語の it を使って，主語の位置に置く変形操作である。

know

(36)　We *know* that he doesn't like the US.（彼がアメリカを嫌いなのは知られている。）

(36′)　It is *known* that he doesn't like the US.

understand

(37)　We *understand* that they have gone in for fortune-telling.（彼らは運勢判断に興味を抱いていたそうだ。）

(37′)It is *understood* that they have gone in for fortune-telling.

3. **主語上昇**：受動態と関連している。受動変形の後で，that 節の主語を文頭に上昇させる変形である。形の上では，「不定詞つき受動態」と同じである。

know

(38)　It is *known* that he doesn't like the US. Cf.（36）

(38′)　He is *known* to not like the US.

understand

(39)　It is *understood* that the Diet passed the bill.（国会でその法案が通過したそうだ。）

(39′)　The Diet is *understood* to have passed the bill.

21.2 認識関係(2)

love, adore, like, cherish

共通意味:「好きである」

A. 連語関係の差

	love	adore	like	cherish
1. V			○	
2. V+不定詞句	○		○	
3. V+V-ing句	○		○	
4. V+名詞句	○	○	○	○
5. V+名詞句+不定詞句	○		○	
6. V+名詞句+V-ing句			○	
7. V+名詞句+形容詞句/過去分詞			○	

◇意味の概略相違表

V \ SF	世話	大事にする	好み	喜び	望み	礼拝	敬愛	愛情
love	B	A	A	B	C	A	B	A
adore	C	B	B	B	C	A	A	A
like	B	B	B	A	A	C	C	B
cherish	A	A	A	B	C	B	B	A

この4つの動詞を一般的に程度の低いものから高いものに並べると，like, love, adore, cherish となるであろう。like は一番普通の「好き嫌い」で，love になると程度の高い「愛する」になり，adore はそれに「尊敬」の念が加わる。cherish はまるで宝物のように「慈しむ」のである。

1. **V**：4つの動詞の中で，like のみが自動詞構文で主語のみ取りながら主語指向ではなく，目的語指向の機能を持っている。つまり，please, delight などの感覚動詞と同じように，目的語（人）が刺激を受ける側に立つのである。したがって，as you please は as it pleases you と同じ意味を持つように，as you like も as it likes you （実際にはこの形はない）と同じ意味を持つ。
like
（1）　We have no reserved seats here. You can sit wherever you *like*.（ここには指定席はありません。どこでもお好きなところにお座りください。）

2. **V＋不定詞句**：アメリカ英語では，I would *love/like* for you to join us in talking about politics.（あなたに是非政治の話に加わって欲しいのです。）のように〈for NP ... to V〉の形が使われることもある。Cf. 『レクシス』(love と like の項)
love
（2）　Japanese people *love* to talk about politics.（日本人は政治のことを話すのが好きである。）
like
（3）　I *like* to read detective stories by Agatha Christie.（アガサ・クリスティの探偵小説を読むのが好きです。）

3. **V＋V-ing 句**：love, like 共に，不定詞句をとるときは，具体的な事柄が今起きるときに使われ，V-ing 句をとるときは，一般的な事柄を述べるときに使われるとされている。しかし，特にアメリカ英語においては，このような差はあまり意識されていない。
love
（4）　I *love* playing tennis every Sunday afternoon.（毎週日曜午後にテニスをするのが好きです。）
like

（5） I *like* taking a hot bath in the morning．（私は朝に熱い湯に入るのが好きです。）

4．V＋名詞句：全ての動詞にこの連語は可能である。意味の相違については冒頭の相違表と解説を参照。
love
（6） The Bible says, "*Love* others as you *love* yourselves."（聖書には「自分自身を愛するように他人を愛しなさい」と書かれている。）
adore
（7） She has *adored* her husband all her life.（彼女は夫を一生涯敬愛した。）
like
（8） I *like* Japanese sweets better than Western ones.（私は西洋菓子よりも和菓子のが好きです。）
cherish
（9） He has *cherished* his religion since childhood.（彼は子供の頃から自分の宗教を大事にしてきた。）

5．V＋名詞句＋不定詞句：love と like にこの連語が起こる。
love
（10） If you are free now, come and play tennis with us. I would *love* you to be my partner.（もし時間があれば，一緒にテニスをやりに来てください。私のパートナーになって欲しいのです。）
like
（11） I would *like* you to confide in me about your secret.（あなたの秘密を私に打ち明けて欲しいのです。）

6．V＋名詞句＋V-ing 句：この連語は like のみに起こる。
like
（12） I don't *like* you finding fault with me like that.（あのように私のあら捜しするのは嫌いです。）

7．V＋名詞句＋形容詞句/過去分詞：形容詞句（補語）の位置には動詞の過去分詞形が来ることが多い。それは，もともと to be PP であったものから，to be が

省略されたものだからである。like のみに起こる。
like
(13) How would you like the steak? I *like* it well-done.（「ステーキの焼き具合はいかがしましょうか。」「よく焼いてください。」）

B. 変形操作の差

	love	adore	like	cherish
1. 目的語節後置			○	
2. 受動態	○	○		○

1. **目的語節後置**：目的語である that 節を it を媒介させて，文尾に置くものである。Levin (1993) では，(14)のような文が文法的だとして挙げてあるが (The children *liked* that the clown had a red nose.)，英語母語話者の間で使用の差があるようである。それに反し，(14′)のような文は多用されている。
like
(14) *I like that you are always cooperative.（あなたがいつも協力的なのが嬉しい。）
(14′) I like it that you are always cooperative.

2. **受動態**：他動詞構文の目的語を主語にして，受動文をこしらえる変形操作であるが，love が like に近い意味で「好きである，〜して欲しい」のときは，受動態をとれない。Cf. He *loves* the way she talks.（彼は彼女の話し振りが好きだ。）→ *The way she talks is *loved* by him. 同じ理由で，like の受動形は原則として使えない。ただし，『レクシス』(like の項) を参照。また，1 の解説も参照。
love
(15) All the family members *love* the mother.（家族みんな母を愛している。）
(15′) The mother is *loved* by all the family members.
adore
(16) All the class *adored* their teacher.（クラスの者は全員先生を敬愛した。）
(16′) Their teacher was *adored* by all the class.

cherish

(17)　Japanese people have *cherished* their tradition.（日本人は伝統を重んじてきた。）

(17′)　Their tradition has been *cherished* by Japanese people.

21.3　認識関係(3)

seem, look, appear, sound

共通意味：「～らしい」

A.　連語関係の差

	seem	look	appear	sound
1．V		○	○	○
2．V＋節	○ [that 節/like 節/as if [though]節]	○ [like 節/as if [though]節/wh-節]	○ [that 節]	○ [like 節/as if[though]節]
3．V＋不定詞句	○	○	○	
4．V＋名詞句	○ [補語]	○ [目的語/補語]	○ [補語]	○ [目的語/補語]
5．V＋形容詞句	○	○	○	○
6．V＋副詞/前置詞句	○ [like]	○ [after/ahead/around/at/back/down(on)/for/forward to/in(on)/into/like/on/out/over/the other way/through/up/up to]	○ [before a judge]	○ [like/off(about/on)/out]

◇意味の概略相違表

V \ SF	印象	外観	表情	無意識	注視	注意	流行	出現	出演	音楽/音響
seem	A	—	C	C	—	—	—	—	—	—
look	A	A	A	A	B	A	A	C	C	—
appear	B	A	B	B	—	—	B	A	A	—
sound	C	—	C	C	—	C	—	C	—	A

　seem, look, appear, sound は共通して「〜らしい」と訳されるが, 語法上でも seem, look, appear の3語は同じように使われる。
（a）　He *seems* [*looks, appears*] tired.（彼は疲れているようだ。）
　相違点については『レクシス』(seem の項「類語」欄) に詳しい説明が載っているので, 引用する。《seem は「…と思われる(がたぶんそうだろう)」, look は「…のように見える(が実際そうだろう)」, appear は「見かけは…のようだ(がそのとおりでないかもしれない)」といったニュアンスの違いをしばしば表す。sound は主に口語体で「…のように聞こえる, 思われる」の意。口語体では look が多く用いられ, appear は堅い文体で多く用いられ, seem はあらゆる文体で用いられる。》
　以上のようなニュアンスの違いが, これら4つの類義動詞間で〈V＋節〉の節が持つ形態上の違いとなって現れる。

1．V：典型的な連結動詞である seem は単独で現れることはない。
look
（1）　He was driving his car *looking* everywhere to find his house.
　　　（彼は隈なくあたりを見ながら, 彼の家を見つけようと運転していた。）
appear
（2）　Our friend we hadn't heard from for a long time *appeared* from nowhere.（長い間音信がなかった友がどこからともなく現れた。）
sound
（3）　The alarm bell *sounded* all over the building, and people began to run out of it.（非常ベルが一帯に鳴りわたり, 建物の中にいた人々は外に走り出

した。)

2. **V+節**:各連結動詞の特徴を生かした節を後続させている。意味の相違は冒頭の相違表と解説を参照。

seem+that 節/like 節/as if [though] 節

（4） It *seemed* that he would not budge an inch from his plans.（彼は自分の計画を少しも変えようとはしないようだった。）

（5） It *seemed* like he had no appetite for success in life.（彼には人生で成功する意欲がないみたいだった。）

（6） It *seemed* as if [though] he would quit his present job.（彼は現在の仕事をやめたいようだった。）

look+like 節/as if [though] 節/wh-節

（7） He *looked* like he had not taken a bath for a month.（彼は一ヶ月も風呂に入ってないような顔つきだった。）

（8） He *looked* as if [though] he had seen a ghost.（彼は幽霊を見たような表情だった。）

（9） *Look* what you've done! There's dust all over the room.（何をしてくれたのだ。部屋中ほこりだらけじゃないか。）

appear+that 節

（10） It *appears* that all the data have been stolen from the office.（すべてのデータが事務室から盗まれたようだ。）

sound+like 節/as if 節

（11） It *sounds* like you had a terrible time on your trip to India.（あなたはインドへの旅行で大変な目にあったようだ。）

（12） He *sounded* as if he had caught a cold.（彼は風邪を引いたような声をしていた。）

3. **V+不定詞句**: seem を使った(14)の文は to be を省略して，He *seems* honest with himself as well as with us. とも言える。seem のあとの補語（形容詞/名詞）が程度の差を表しうるものならば，to be がないほうが多く用いられる。look も(16)の文は to be が省略可能で，to be のないほうが普通。appear も to be が省略可能である。

　以上見てきたように，補語が形容詞句か名詞句の場合は to be の省略が多い。た

だし，(18)のような前置詞句の場合は，それが叙述的に使われる場合以外は，to be を省略しない方が better である。なお，補語が名詞句の場合，アメリカ英語では(19)のように to be を省略しない。

seem
(13) He *seems* to know the top secrets of the cabinet.（彼は内閣の最高機密を知っているようだ。）
(14) He *seems* to be honest with himself as well as with us.（彼は我々ばかりでなく自分自身にも忠実のようだ。）

look
(15) We are *looking* to travel to China in the middle of July.（7月中旬に中国旅行を計画中です。）
(16) He *looks* to be content with his marriage to her.（彼は彼女との結婚に満足している様子だ。）

appear
(17) The evidence *appears* to contradict what he argued for.（証拠は彼が弁護したことと矛盾しているようだ。）
(18) She *appears* to be in bad shape.（彼女は体調が悪いようだ。）
(19) He *appears* to be a gentleman.（彼は見かけは紳士のようだ。）

4．V＋名詞句：look と sound は名詞句が目的語と補語になるが，seem と appear は補語のみである。

seem＋名詞句［補語］
(20) Bob and Mary *seem* an ideal couple among our classmates.（ボブとメアリーは我々のクラスメイトの中で理想的なカップルのようだ。）

look＋名詞句［目的語/補語］
(21) I *looked* her straight in the face.（私は彼女の顔をじっと直視した。）
(22) He *looks* the perfect gentleman.（彼は完璧な紳士のように見える。）

appear＋名詞句［補語］
(23) South Africa *appears* the most advanced country in Africa.（南アフリカはアフリカで一番進んだ国のようだ。）

　　　　　　　　　　注：アメリカ英語では appear to be の形が好まれる。(19)を参照。

sound＋名詞句［目的語/補語］
(24) In Sumatra it was too late to *sound* a tsunami warning.（スマトラでは

津波警報を出すのがおそすぎた。)

(25) Your proposal *sounds* a nice idea. (あなたの提案はよいアイデアのようだ)。

> 注：〈sound＋補語〉の形はイギリス英語で，アメリカ英語では〈sound＋like＋名詞句〉を使う。しかし，近年は英国人でも後者の方を好んで用いる傾向がある。

5．**V＋形容詞句**：〈It＋V＋形容詞句＋that 節〉は seem と appear だけで，look と sound にはない。2の項〈V＋節〉を参照。

seem
(26) It *seems* likely that we will have a cool summer this year. (今年は涼しい夏になるようだ。)

look
(27) He *looks* tired after completing his graduation thesis. (彼は卒論を完成して疲れているみたいだ。)

appear
(28) It *appears* certain that he will be awarded an Oscar. (彼がオスカーをあたえられるのは確かのようだ。)

sound
(29) Your idea of eating out this evening *sounds* good. (今晩外食するという君のアイデアは良さそうだ。)

6．**V＋副詞/前置詞句**：一つの成句をなしている。

seem＋like
(30) Tom *seems* like a diligent boy. (トムは勤勉な子のようだ。)
　　　　　seem like＝appear to have a particular quality of

look＋after/ahead/around/at/back/down (on)/for/forward to/in (on)/into/like/on/out/over/the other way/through/up/up to
(31) He *looks* after my children while we are away. (留守の間，彼が子供たちの面倒を見る。)
　　　　　look after＝take care of
(32) I'm trying to *look* ahead at what might happen in Japan. (私は日本に何が起こるかを注視するつもりだ。)
　　　　　look ahead＝think about

(33)　We *looked* around the newly built outlets.（私たちは新設のアウトレットを見て回った。）
　　　　look around＝look at what is in a place
　　　　　　コメント：newly built は長い修飾語なので，outlets の後にもって来れそうであるが，英国人の ALT も米国人の ALT も newly built は一語と考えられるから，前に置くと主張した。どうも newly がつくと，この傾向があるようで，別の recently built にすると，*We *looked* around the recently built outlets. は駄目で，We *looked* around the outlets recently built. は OK となる。(*は非文を表す。)

(34)　Just *look* at this one. It is his new book.（ちょっとこれを見てご覧。彼の新しい本だよ。）
　　　　look at＝regard or examine
　　　　　　注：look at＝consider（考慮する）の意もある。普通は will, would を伴って否定文に使われる。例：I wouldn't *look* at such a small sum of money.（そんなはした金は問題外だね。）

(35)　When I *look* back on my trip to Europe, I realize how happy I was（ヨーロッパへの旅を回顧すると，私の幸せ振りが甦る。）
　　　　look back＝remember
(36)　Don't *look* down on anyone who doesn't have a college degree.（大学学位を持たないものを見下すな。）
　　　　look down on＝despise
(37)　He is *looking* for a new job though he has just got one.（彼は仕事に就いたばかりで，もう新しい仕事を探している。）
　　　　look for＝try to find
(38)　I am really *looking* forward to seeing you.（私はあなたにお会いするのを本当に心待ちしています。）
　　　　look forward to＝expect with pleasure
(39)　I would like to *look* in on Mary on my way to London.（ロンドンに行く途中でメアリーの所に立ち寄りたい。）
　　　　look in（on）＝make a short visit to
(40)　The police are *looking* into the air crash.（警察はその飛行機墜落事故を調査中だ。）

　　　　　look into＝investigate
(41)　Which one do I *look* like, mother or father?（私は父と母のどちらに似ていますか。）
　　　　　look like＝have a particular appearance like
(42)　When I was mugged on the street, the people around me just *looked* on without helping me.（私が通りでかつあげされたとき，周りの人は助けもせずにただ眺めていただけだった。）
　　　　　look on＝watch while others take part
　　　　　　　コメント：look on の進行形が可能に思われるが，ALT はだめだと言う。look at, look for などが進行形が可能なのに，なぜという疑問が湧く。これは，keep on と同じく，継続の状態を表すからであると思われる。

(43)　*Look* out! There's a bicycle coming quickly.（気をつけて。自転車がスピードを出してやってくるよ。）
　　　　　look out＝take care
　　　　　　　注：上文のようにしばしば命令文に使われる。

(44)　Sorry, I don't have time to *look* over your homework.（御免，君の宿題をざっと見る時間もないのだ。）
　　　　　look over＝examine quickly
(45)　The police *looked* the other way when demonstrators ran riot.（デモが勝手に振舞っても，警察は見てみぬ振りをした。）
　　　　　look the other way＝ignore something bad
(46)　I *looked* through all the papers, but I could not find the one in question.（私は全部の論文を調べて捜したけど，問題の論文は見つからなかった。）
　　　　　look through＝examine for points to be noted
(47)　When you come across a difficult word, *look* up its meaning in this dictionary.（難しい単語にぶつかったら，この辞書でその意味を調べなさい。）
　　　　　look up＝find（information）　in a book
(48)　I always *look* up to Mr. Kimura for his knowledge of history.（私はいつも木村先生が歴史にお詳しいので尊敬しています。）
　　　　　look up to＝respect

21.3　認識関係（3）　225

appear＋before a judge
(49)　He *appeared* before a judge charged with attempted robbery.（彼は強盗未遂の罪で裁判に出廷した。）
　　　　appear before a judge [court/committee]＝go to a court to give information
　　　　　　注：appear in court とも言う。

sound＋like/off (about/on)/out
(50)　The sentence *sounds* like a beautiful phrase, but it has no significant meaning.（その文は美しく聞こえるが，有意義な意味はない。）
　　　　sound like＝seem like one hears
(51)　My mother always *sounded* off about the violence on TV.（母はいつもテレビ上の暴力画面に不満を述べていた。）
　　　　sound off＝express an opinion freely and forcefully
　　　　　　注：特に不満があるときに使う。

(52)　He *sounded* out the chairperson's opinion before the meeting began.（彼は会が始まる前に，議長の意見を探った。）
　　　　sound out＝try to find out the opinion of

B.　変形操作の差

	seem	look	appear	sound
1. 主語上昇	○		○	
2. 着る人・服装入れ替え		○		
3. that 節代用	○		○	
4. there 挿入			○	○

1.　**主語上昇**：従属節の that 節の主語を主節の主語の位置に上昇させる変形操作である。that 節の述語が状態を表す。非状態（動作）を表す場合には完了形（have ～ed）に限る。例：He *seems* to have done that.（彼はそれをやってしまったようだ。）

seem

(53) It *seems* that she knows everything about him. (彼女は彼の全部を知っているようだ。)

(53') She *seems* to know everything about him.

(54) It *seems* that there was a bonfire in the town. (町で祝火があったようだ。)

(54') There *seems* to have been a bonfire in the town.

appear

(55) It *appears* that she is in poor health. (彼女は健康が優れないように見える。)

(55') She *appears* to be in poor health.

2. 着る人・服装入れ替え：服装を表す名詞句が主語の位置から副詞的位置へ、または、その逆のケースの場合である。

look

(56) That coat *looks* good on you. (そのコートはあなたに似合う。)

(56') You *look* good in that coat.

3. that 節代用：that 節を so で代用させる変形操作である。その際、so は文頭にくる。

seem

(57) "Is he going to Germany?" "Yes, it *seems* that he is going to Germany." (「彼はドイツに行くのですか。」「はい、そのようです。」)

(57') "Is he going to Germany?" "So it *seems*."

appear

(58) "Is she having trouble in her marriage?" "Yes, it *appears* that she is having trouble in her marriage." (「彼女は自分の結婚で困っているの。」「はい、そうみたいです。」)

(58') "Is she having trouble in her marriage?" "So it *appears*."

注：(57)と(58)が基底構造だが、実際には、このような冗漫な、繰り返し文は使わない。

4. there 挿入：主語と動詞を倒置して、文頭に there を挿入する変形操作であ

る。seem にも there を伴う構文がある。例：There *seems*（to be） every reason to believe that his wife has gone to another man.（あらゆる点から言って，彼の奥さんが別の男の方にいってしまったようである。）しかし，これの基底構造である Every reason to believe that 〜 *seems*. は存在しないので，there を挿入したとはいえない。

appear
(59)　A cruiser *appeared* on the horizon.（巡洋艦が地平線に現れた。）
(59′)　There *appeared* a cruiser on the horizon.

sound
(60)　A bell *sounded* in the church.（ベルが教会内に響いた。）
(60′)　There *sounded* a bell in the church.

22　思考関係

think, imagine, consider, suppose, guess

共通意味:「思う，考える」

A. 連語関係の差

	think	imagine	consider	suppose	guess
1. V	○	○	○		○
2. V＋節	○ [that 節/wh-節]	○ [that 節/wh-節]	○ [that 節/wh-節]	○ [that 節]	○ [that 節/wh-節]
3. V＋不定詞句	○ [to-不定詞句/wh-不定詞句]		○ [wh-不定詞句]		
4. V＋V-ing 句		○	○		
5. V＋名詞句		○	○		○
6. V＋名詞句＋名詞句 [補語]			○		
7. V＋名詞句＋不定詞句	○	○	○	○	○
8. V＋名詞句＋V-ing 句		○			
9. V＋名詞	○		○		

句+形容詞句						
10．V＋副詞/前置詞句	○ [about/ as much/ back (to)/ of/out [through]/ over/twice/ up]					

◇意味の概略相違表

V \ SF	考慮	想像	推測	意図	思案	予期	発明	尊敬
think	A	B	B	A	A	A	B	―
imagine	B	A	A	C	B	B	B	―
consider	A	A	A	C	A	C	C	A
suppose	B	A	A	C	B	B	C	
guess	C	C	A	B	B	A	C	―

　目的語になる名詞句には，いろいろな抽象的な語がきて，動詞の特徴を表す。imagine, consider, guess の動詞に続く名詞句をみると，imagine の後には，future, danger など現実と対立した想像的な語が現れるのに対して，consider には，proposal, suggestion といった比較的，想定可能で現実的な意味を持ったものが続くことが多い。また，guess の後には，age, weight, question など具体的に言い当てられるものが現れることが多い。下記 5 を参照。

1．V：このように，自動詞であって，かつ動詞の後に必要とする副詞句，前置詞句などが何も来ない場合は，主語となる語句（主にヒトや動物など）の「思考する能力」について言及することが多い。suppose の自動詞は英米の英語辞典には載っていない。現代では使用率が低いのであろう。

think
(1)　Animals can *think*, but cannot communicate using language.（動物は思考することはできるが，言語を用いて交流することは不可能である。）

imagine
(2)　The Internet offers much more information and intelligence than most human beings can *imagine*.（インターネットは人間が想像するよりはるかに多くの情報を提供する。）

consider
(3)　When you make up your mind about something, it is essential to have time to *consider*.（何か決心する前に考える時間が必須です。）

guess
(4)　I would say he is over 70, but I'm just *guessing*.（彼は70歳を超えているのではないかな。当てずっぽうだけどね。）

2.　V＋節：思考動詞なので，抽象的な広がりをもった従属節が全ての動詞につく。ただし，suppose のみ wh-節がこない。

think＋節 [that 節/wh-節]
(5)　Everyone in the village *thought* that the landlord had been poisoned by his enemies.（その村の人々は皆，地主は敵対する者に毒殺されたのだと思った。）
(6)　Bob paused as he *thought* what he should say next.（ボブは次に何を言おうかと考えたとき，沈黙した。）

imagine＋節 [that 節/wh-節]
(7)　I could not have *imagined* that I would be using something called a computer to send mails or develop pictures.（手紙を送ったり写真を現像したりするのに，パソコンとかいうものを私が使うようになるなんて想像もつかなかった。）
(8)　Can you *imagine* why he did such a stupid thing?（彼がなぜあんな馬鹿げたことをしたか考えられますか。）

consider＋節 [that 節/wh-節]
(9)　The curator *considered* that the pictorial art was in bad condition.（学芸員は，その絵画が悪い状態にあると見なした。）
(10)　He *considered* what he should do with the scholarship money he got.

（彼は自分が得た奨学金で何をすべきかと熟考した。）

suppose＋節［that 節］
(11)　Scientists *supposed* that the dinosaurs used to live in swamps.（研究者は，その恐竜は昔は湿地に住んでいたと考えた。）

guess＋節［that 節/wh-節］
(12)　I *guess* that Dad doesn't like my boyfriend.（パパは私のボーイフレンドのことを気に入っていないと思うわ。）
(13)　You will never *guess* what I have been doing upstairs.（私が2階で何をやっていたか決して当てられないよ。）

3．V＋不定詞句：前項とこの項を比較検討してみると，「思う，考える」の共通意味を持つ5つの動詞であっても，微妙な違いが浮き出てくる。wh-節が取れる think, imagine, consider, guess の動詞には「疑問」を発する要素が内包しており，純粋な思考が出来る（that 節）と共に，「解答」を求める意志力が読み取れる。また，wh-句が取れる think と consider は「義務，責任」感が付随した行動を予想させる。

think＋to-不定詞句/wh-不定詞句
(14)　I didn't *think* to see you at a place like this.（こんなところで君に会えるなんて思わなかった。）
(15)　I couldn't *think* what to do next.（私は次に何をやるべきか分らなかった。）

consider＋wh-不定詞句
(16)　He has been *considering* what to give to her on her birthday.（彼は彼女の誕生日に何をあげるべきか考えている。）

4．V＋V-ing 句：imagine と consider のみ，この連語が可能である。

imagine
(17)　I *imagined* doing such a stupid thing day after day, year after year.（私は，このような馬鹿げたことを来る日も来る日もすることを想像した。）

consider
(18)　After I took the master's degree in Japan, I *considered* applying to the PhD program at MIT.（日本で修士号を取得した後，私はマサチューセッツ工科大学の博士課程に志願しようかと考えた。）

5. **V＋名詞句**：think と suppose を除いて，この連語が可能である。
imagine
(19) Close your eyes and *imagine* the future you always dreamt about.（瞳を閉じて，君がいつも夢に描いていた未来を想像してごらん。）
consider
(20) The manager *considered* past performance at the plant and reformed a new working plan.（支配人はその工場における過去の作業率を熟考し，新しい実施案を再構築した。）
guess
(21) Linda looked so tiny and young that nobody could *guess* her age by sight.（リンダはとても小さくて若く見えたので，誰も見た目で年齢を推測できなかった。）

6. **V＋名詞句＋名詞句［補語］**：この連語は consider のみ可能であり，しかも，2番目の名詞句は補語である。『レクシス』には She thinks her husband a great musician.（彼女は夫は偉大な音楽家だと思っている。）の例が挙っているが，LDOCE には例文がなく，She thinks (that) her husband is a great musician. か She thinks of her husband as a great musician. の文の方がよく使われている文なので，この連語の文は例外的に取り扱う。なお，「変形操作の差」の 2 を参照。
consider
(22) They *considered* him a troublemaker.（彼らは彼のことを厄介者だと思っていた。）

7. **V＋名詞句＋不定詞句**：ここで扱われる不定詞の動詞は，be 動詞か，それ以外の動詞では完了形である。be 動詞に続く形容詞は普遍的な状態を表し，一時的な状態を表すもの（angry, ready, annoyed, irritated など）ではない。
think
(23) Every student in the class *thought* the teacher to be attractive.（そのクラスのどの生徒も，その先生が魅力的だと思った。）
imagine
(24) She *imagined* herself to be popular with her classmates.（彼女は自分がクラスメートに人気があると思った。）
consider

(25) He had been living in the village for over a decade, but the villagers still *considered* him to be an outsider.（彼はその村に10年以上暮らしたが，それでもなお，村人は彼を部外者と見なした。）

suppose

(26) She gave me a cold stare as if she *supposed* me to be a betrayer.（彼女は私のことを裏切り者を見るような冷たい目つきで見た。）

guess

(27) I *guessed* her age to be somewhere between fifty and sixty.（私は彼女の年齢を50歳から60歳だと推測した。）

注：5つの動詞の中で，guess のみ to be の省略は出来ない。また，コーパスのデータを見ると，この構文における imagine, guess の出現頻度は think, consider, suppose と比べて低い。なお，次の例文を参照：

(27′) *I *guessed* her age somewhere between fifty and sixty.　*は非文。
(28) I never *supposed* him to have done that.（彼がそれをやったなんて決して思わなかった。）
(29) *I *considered* him to be angry.（彼が怒っていると看做した。）

8．V＋名詞句＋V-ing 句：この連語が可能なのは imagine 一語のみである。

imagine

(30) I *imagined* myself speaking fluently before the audience.（私が聴衆の前で雄弁をふるっているのを想像した。）

9．V＋名詞句＋形容詞句：不定詞句の to be を取り除いた形であるが，能動態ではこの方が普通である。この連語は think と consider に現れる。

think

(31) I *think* it appropriate to use that phrase in such a situation.（そのような状況でその語句を使うのは適当だと思う。）

consider

(32) I *considered* it necessary to tell you the secret.（私はあなたにその秘密を告げるのが必要だと思った。）

10．V＋副詞/前置詞句：一つの成句をなしている。

think＋about/as much/back (to)/of/out [through]/over/twice/up

(33) I wouldn't *think* about buying a house in the suburbs.（郊外に家を買うなんて気はないよ。）
　　　think about＝consider seriously before making a decision
(34) "He appears to have failed his term test." "When I saw him, I *thought* as much."（「彼は期末試験を落としたようだよ。」「彼を見て，そうだと分ったよ。」）
　　　think as much＝That is just what one expects
(35) They *thought* back to the day they met for the first time.（彼らは最初に出会った日のことを思い起こした。）
　　　think back (to)＝think about things that happened in the past (to)
(36) Your plan sounds lovely. But we have to *think* of the cost.（君の案はとてもよく聞こえるけど，費用のことを考えなくてはね。）
　　　think of＝take into account
(37) He has to *think* out [through] what he is going to do from now on.（彼はこれから何をやるか丹念に考えなければならない。）
　　　think out [through]＝consider carefully and in detail
(38) I will *think* over your offer and come to a conclusion.（私はあなたの申し出をよく考えて，結論を出しましょう。）
　　　think over＝consider seriously
(39) The yellow card given to him made him *think* twice before kicking the opponent.（もらったイエローカードのため，彼は相手にけりつけるのを思いなおした。）
　　　think twice＝think very carefully (before deciding to do)
(40) We have to *think* up a good excuse for being absent.（欠席のための良い言い訳を考え出さねばならない。）
　　　think up＝invent (a good idea)

B.　変形操作の差

	think	imagine	consider	suppose	guess
1．不定詞化		○	○		
2．as 変形		○	○		

3. 同族目的語	○				
4. that 代用	○			○	○

1. **不定詞化**：that 節を不定詞化し，その主語を目的語の位置に上昇させる変形操作である。目的語上昇変形とも言う。

imagine
(41)　She didn't imagine that she was a real athlete.（彼女は自分が本物の運動選手だと思わなかった。）
(41′)　She didn't imagine herself to be a real athlete.

consider
(42)　I consider that he is a warmonger.（私は彼が戦争屋だと看做している。）
(42′)　I consider him to be a warmonger.

2. **as 変形**：不定詞句を〈as＋名詞句〉の形に変形する操作である。不定詞化と as 変形はいずれも〈V＋that 節〉が可能で，口語体ではこの連語のほうが好まれる。なお，〈consider＋名詞句＋as 句〉は〈consider＋名詞句＋名詞句〉の方が好まれる。

imagine
(43)　She imagined herself to be a psychiatrist.（彼女は精神科医になることを想像した。）
(43′)　She imagined herself as a psychiatrist.

consider
(44)　They considered her to be a good doctor.（彼らは彼女を良い医者だと思った。）
(44′)　They considered her as a good doctor.
(44″)　They considered her a good doctor.

3. **同族目的語**：think にはその名詞形や類似の名詞を目的語の位置に取る，いわゆる同族の目的語構文が可能である。この場合，happy, great など「考え，思い」を形容する語を伴うことが多い。

think

(45) I was thinking happily. (私は楽しいことを考えていた。)
(45′) I was thinking happy thoughts.

4．**that 節代用**：that 節の代わりに so を用いる変形である。この場合，so は動詞 think, suppose, guess の目的語として用いられ，so 1 語が前文の内容を指す。否定の場合には，not が代用される。(think の場合には，否定においても，一般的に so が用いられる。) なお，この表現は，yes/no の婉曲表現としてもよく用いられる。

think

(46) "Are you all right?" "I *think* that I am all right." (「大丈夫ですか。」「ええ，大丈夫だと思います。」)

(46′) "Are you all right?" "I *think* so."
　　　Cf. "I don't *think* so." (「大丈夫ではありません。」)

suppose

(47) "Do you think he will win a prize?" "I *suppose* that he will win a prize." (「彼が入賞すると思うかい。」「たぶんね。」)

(47′) "Do you think he will win a prize?" "I *suppose* so."
　　　Cf. "I *suppose* not." (「だめでしょう。」)

guess

(48) "Will he arrive in time?" "I *guess* that he will arrive in time." (「彼は時間内に来るかな。」「来ると思うよ。」)
　　　Cf. "I *guess* not." (「来ないでしょう。」)

(48′) "Will he arrive in time?" "I *guess* so."

参考書目

Bolinger, D. L. 1977. *Meaning and Form*. Longman.
Chomsky, N. 1957. *Syntactic Structures*. Mouton.
Chomsky, N. 1965. *Aspects of the Theory of Syntax*. The MIT Press.
Chomsky, N. 1972. "Some Empirical Issues in the Theory of Transformational Grammar," in S. Peters (ed.) *Goals of Linguistic Theory*. Prentice-Hall.
Culicover, P. W. & Jackendoff, R. 2005. *Simpler Syntax*. Oxford University Press.
Cutts, M. 1995. *The Plain English Guide*. Oxford University Press.
Dixon, R. M. W. 1992. *A New Approach to English Grammar, on Semantic Principles*. Oxford University Press.
Goldberg, A. E. 1995. *Constructions*. University of Chicago Press.
Grimshaw. J. 1990. *Argument Structure*. The MIT Press.
Hornby, A. S. 1975. *A Guide to Patterns and Usage in English*. Oxford University Press.
Howard, G. 1993. *The Good English Guide. English Usage in the 1990s*. Macmillan Publishers Ltd.
影山太郎　1996，『動詞意味論』　くろしお出版
影山太郎　2001．『日英対照　動詞の意味と構文』　大修館書店
Kuno, S. 1987. *Functional Syntax*. University of Chicago Press.
Levin, B. 1993. *English Verb Classes and Alternations*. University of Chicago Press.
Levin, B. & Hovav, M. R. 1996. *Unaccusativity*. The MIT Press.
Levin, B. & Hovav, M. R. 2005. *Argument Realization*, Cambridge Univ. Press.
Ross, J. R. 1967. *Constraints on Variables in Syntax*. Indiana University Linguistic Club.

Rudzka-Ostyn, B. 2003. *Word Power: Phrasal Verbs and Compounds*. Mouton de Gruyter.

Spears, R. A. 2003. *Common American Phrases in Everyday Contexts*. McGrow-Hill.

Webelhuth, G. 1995. *Government and Binding Theory and the Minimalist Program*. Blackwell.

索　引

adore 213ff.
aid 164ff.
　～ in 170
　～ NP in 168
　～ NP with 169
aim 111ff.
　～ at 115
　～ for 115
　～ NP at 114
appear 218ff.
　～ before a judge 225
appoint 77ff.
　～ NP as 80
　～ NP to 80
approach 141ff.
　～ NP about 148
　～ NP for 148
ask 91ff.
　～ after 95
　～ around 95
　～ for 95
　～ NP in 95
　～ NP off 95
　～ NP out 95
　～ NP over [round] 95
assist 164ff.
　～ in 170
　～ NP in 169
　～ NP with 169
attempt 111ff.
become 56ff.
　～ of 62
begin 126ff.
　～ by 130
　～ with 130
break 118ff.

～ away from 122
～ down 122
～ in 122
～ into 122
～ NP in 121
～ NP of 121
～ NP up 121
～ off 122
～ out 122
～ through 122
～ up 123
～ with 123
build 155ff.
　～ in 160
　～ up 160
call 77ff.
　～ back 81
　～ down 81
　～ for 81
　～ forth 81
　～ in 81
　～ NP in 80
　～ NP into 80
　～ NP off 80
　～ NP up 80
　～ on 81
　～ up 81
cease 134ff.
　～ from 138
challenge 111ff.
　～ for 115
　～ NP on 114
　～ NP to 114
change 49ff.
　～ around 52
　～ into 52
　～ NP for 51
　～ NP into 51

～ NP to 51
～ over 52
～ up 53
cherish 213ff.
come 141ff.
　～ about 150
　～ across 150
　～ around 150
　～ at 150
　～ by 150
　～ clean 150
　～ down on 150
　～ forward 150
　～ of age 150
　～ on 151
　～ out 151
　～ over 151
　～ through 151
commence 126ff.
　～ with 131
comprehend 206ff.
consider 228ff.
construct 155ff.
　～ NP (out) of 159
　～ NP from 159
continue 105ff.
　～ in 108
　～ with 108
create 155ff.
cry 84ff.
　～ NP out 88
　～ NP to 88
　～ off 89
　～ out 89
deposit 179ff.
　～ NP in 183
　～ NP with 184
desire 198ff.

develop   56ff.
∼ into   60
discover   13ff.
divide   118ff.
∼ into   123
∼ NP between   121
∼ NP by   121
∼ NP from   121
∼ NP into   121
encounter   13ff.
end   134ff.
∼ in   139
∼ up   139
endure   105ff.
exchange   40ff., 49ff.
∼ NP for   44, 52
∼ NP with   44, 52
exclaim   84ff.
exhibit   98ff.
experience   191ff.
experiment   111ff.
∼ in   115
∼ on   115
∼ with   115
explain   98ff.
∼ away   103
fall   56ff.
∼ about   62
∼ apart   62
∼ for   62
∼ into   62
∼ on   62
∼ out   62
∼ to   63
feel   191ff.
∼ about   195
∼ for   195
∼ like   195
∼ out   195
∼ up to   195
find   13ff.
∼ against   17
∼ for   17
∼ out   17
finish   134ff.
∼ first   139

∼ NP by   138
∼ NP with   137
∼ off   139
∼ up   139
∼ with   139
form   155ff.
∼ into   160
∼ NP into   159
gain   21ff.
∼ on   26
get   21ff.
get   56ff.
∼ around   63
∼ at   64
∼ by   64
∼ down to   64
∼ in   64
∼ NP back   25
∼ NP back   60
∼ NP down   25
∼ NP down   60
∼ NP in   25
∼ NP off   25
∼ NP off   60
∼ NP out   60
∼ NP over   25
∼ NP together   25
∼ NP together   60
∼ off   64
∼ on with   64
∼ out   64
∼ over   65
∼ up   65
give   40ff.
∼ in   45
∼ in to   45
∼ NP away   43
∼ NP back   44
∼ NP over   44
∼ NP up   44
∼ of   45
∼ off   45
∼ onto   45
∼ over   45
∼ up   45
go   141ff.

∼ (all) out   148
∼ about   148
∼ ahead   148
∼ along   149
∼ around   149
∼ at   149
∼ by   149
∼ for   149
∼ in for   149
∼ on   149
∼ over   149
∼ through   149
∼ with   149
grow   56ff.
∼ apart   63
∼ into   63
∼ on   63
∼ up   63
guess   228ff.
hand   40ff.
∼ down   45
∼ NP back   44
∼ NP into   44
∼ over   46
have   30ff.
∼ NP in   35
∼ NP in (for)   35
∼ NP on   35
∼ NP out   35
∼ NP up   35
∼ on   36
help   164ff.
∼ NP along   168
∼ NP in   168
∼ NP on [off]   168
∼ NP to   168
∼ NP with   168
∼ out   169
hope   198ff.
∼ for   203
imagine   228ff.
initiate   126ff.
∼ NP into   130
inquire   91ff.
∼ about   96
∼ after   96

索　引　241

～ into   96
～ NP of   95
keep   30ff.
　～ at   36
　～ back   36
　～ down   36
　～ from   36
　～ NP from   35
　～ NP in   35
　～ NP off   35
　～ NP on   35
　～ off   36
　～ on   36
　～ to   37
　～ up with   37
know   206ff.
　～ about   210
　～ NP by   209
　～ NP for   210
　～ NP from   210
　～ of   210
labor   172ff.
　～ under   176
　～ up   176
last   105ff.
　～ out   109
lay   179ff.
　～ about   185
　～ aside   185
　～ down   185
　～ in   185
　～ into   186
　～ NP against   183
　～ NP at   183
　～ NP before   183
　～ NP for   183
　～ NP on   183
　～ NP to   183
　～ off   186
　～ on   186
　～ out   186
　～ over   186
　～ up   186
learn   206ff.
　～ about [of]   210
　～ from   211

～ NP from   210
like   213ff.
look   218ff.
　～ after   222
　～ ahead   222
　～ around   223
　～ at   223
　～ back   223
　～ down (on)   223
　～ for   223
　～ forward to   223
　～ in (on)   223
　～ into   223
　～ like   224
　～ on   224
　～ out   224
　～ over   224
　～ the other way   224
　～ through   224
　～ up   224
　～ up to   224
love   213ff.
make   155ff.
　～ away [off] with   159
　～ for   159
　～ NP from [out of]   159
　～ NP into   159
　～ NP of   159
　～ NP up   159
　～ off   160
　～ out   160
　～ up for   160
　～ up with   160
move   141ff.
　～ along   152
　～ in on   152
　～ NP along   147
　～ NP to   147
　～ on   152
　～ over   152
name   77ff.
　～ NP after/for   80
　～ NP as/for   80
　～ NP to   80

need   198ff.
nominate   77ff.
　～ NP as   80
　～ NP for   80
notice   3ff.
observe   3ff.
obtain   21ff.
operate   172ff.
　～ as   176
　～ on   177
own   30ff.
　～ up (to)   38
part   118ff.
　～ from   122
　～ NP from   120
　～ NP with   120
　～ with   122
pass   40ff., 141ff.
　～ as   151
　～ away   46, 151
　～ for   151
　～ for [as]   46
　～ NP by   44, 147
　～ NP down ... to   147
　～ NP off   44
　～ off   46
　～ on   46, 147, 151
　～ on to   147
　～ out   46, 152
　～ over   46, 147
　～ up   46, 152
perceive   191ff.
　～ NP as   194
place   179ff.
　～ NP above [before]   183
　～ NP on   183
　～ NP under   183
　～ NP with   183
possess   30ff.
present   40ff.
　～ with   45
produce   155ff.
put   179ff.
　～ across   186

∼ down 186
∼ forth 187
∼ forward 187
∼ in 187
∼ into 187
∼ NP about 184
∼ NP at 184
∼ NP before 184
∼ NP down 184
∼ NP in 184
∼ NP into 184
∼ NP on 184
∼ NP out 184
∼ NP past 184
∼ NP right 184
∼ NP to 184
∼ NP up 184
∼ off 187
∼ on 187
∼ out 187
∼ up 187
question 91ff.
∼ NP about 95
receive 21ff.
relieve 164ff.
∼ NP of 169
remain 105ff.
request 91ff.
∼ NP from [of] 95
reveal 98ff.
∼ NP as 102
revise 49ff.
∼ for 53
say 68ff.
scream 84ff.
∼ NP at 89
∼ NP off 89
see 3ff.
∼ about 8
∼ around 8
∼ in 9
∼ NP as 8
∼ NP off 8
∼ NP out 8
∼ NP through 8
∼ off 9

∼ out 9
∼ over 9
∼ through 9
∼ to 9
seem 218ff.
∼ like 222
separate 118ff.
∼ from 123
∼ NP from 121
∼ NP into 121
serve 164ff.
∼ as 169
∼ in 169
∼ NP as 168
∼ NP for 168
∼ NP right 168
∼ NP to 168
∼ NP with 168
∼ on 169
∼ out 169
set 179ff.
∼ about 188
∼ aside 188
∼ back 188
∼ down 188
∼ forth 188
∼ in 188
∼ NP against 184
∼ NP apart 185
∼ NP back 185
∼ NP in 185
∼ NP off 185
∼ NP on 185
∼ NP right 185
∼ NP to 185
∼ NP up 185
∼ off 189
∼ up 189
shout 84ff.
∼ down 89
∼ NP at 89
∼ NP from 89
∼ out 89
show 98ff.
∼ NP around 102
∼ NP in 102

∼ NP out 102
∼ NP over 102
∼ off 103
∼ up 103
sound 218ff.
∼ like 225
∼ off about 225
∼ out 225
speak 68ff.
∼ for 73
∼ out 73
∼ to 73
∼ up 73
spot 13ff.
start 126ff.
∼ (all) over 131
∼ back 131
∼ by 130
∼ from 131
∼ from 131
∼ in 131
∼ NP off 130
∼ NP on 130
∼ on 131
∼ out 131
∼ with 130
stop 134ff.
∼ at 138
∼ back 138
∼ by 138
∼ dead [short] 138
∼ in 138
∼ NP from 137
∼ off 138
∼ out 138
∼ over 138
∼ up 138
suppose 228ff.
switch 49ff.
∼ NP around 51
∼ NP for 51
∼ NP to 51
∼ off 53
∼ on 53
∼ over 53
take 21ff.

索　引　243

～ after　26
～ away from　27
～ in　27
～ NP aback　26
～ NP in　26
～ NP off　26
～ NP out of　26
～ NP over　26
～ NP up on　26
～ on　27
～ to　27
～ up　27
talk　68ff.
　～ down　74
　～ NP into　72
　～ NP out of　73
　～ over　74
　～ with　74
tell　68ff.
　～ NP apart　73
　～ NP from　73
　～ NP off　73
　～ of　74
terminate　134ff.
think　228ff.
　～ about　233
　～ as much　234
　～ back to　234
　～ of　234
　～ out [through]　234
　～ over　234

～ twice　234
～ up　234
toil　172ff.
～ away at　176
～ up　176
touch　191ff.
～ down　195
～ NP for　194
～ NP on　194
～ NP with　194
～ off　195
～ up　196
trade　49ff.
～ down for　53
～ in　53
～ NP for　52
～ NP in for　52
～ NP with　52
～ off　53
～ up to　54
try　111ff.
～ for　114
～ NP at　114
～ NP for　114
～ NP on　114
～ on　114
～ out　114
understand　206ff.
～ about　210
～ for　203
～ in　203

～ out　203
want　198ff.
～ for　9
～ out　9
～ over　9
watch　3ff.
～ for　203
～ NP away　203
～ NP on　203
～ NP well　203
wish　198ff.
～ around [round]　175
～ around to　175
～ for　175
～ from　175
～ NP into　174
～ NP over　175
～ NP through　175
～ NP to　175
～ NP up　175
～ off　175
～ on　175
～ out　175
～ through　176
～ up　176
work　172ff.
～ NP at　89
yell　84ff.

【編著者略歴】

小野経男（おの　つねお）
　1931年生まれ。1957年東京都立大学大学院卒業。
　1971～1973年、1975年、2000年、ハーバード大学留学（変形生成文法統語論専攻）。
　名古屋大学言語文化部教授（同大学院文学研究科で「英語学特殊研究」、「応用言語学」を担当）、同大学定年後、名古屋学院大学教授、同大学院外国語学研究科長、同大学外国語センター長、同大学図書館長を歴任。
　現在、名古屋大学名誉教授、岐阜済美学院（中部学院大学・短大・大学院・済美高校・幼稚園）理事。

　著書に、『現代の英文法第9巻「助動詞」』（研究社）、『意外性の英文法』（大修館書店）、『誤文心理と文法指導』（大修館書店）、『アメリカの文明と言葉』（泰文堂）、『英語教育ノウハウ講座No.4「指導に役立つ英文法の知識」』（開隆堂）、『新英文法』（数研出版）、『5つの動詞で話せる役立ち英会話』（K.K.ベストセラーズ）、『ハーバードで通じる英会話』（講談社）ほか。

英語類義動詞の構文事典
（えいごるいぎどうし　こうぶんじてん）

© Tsuneo Ono, 2007　　　　　　　　　　NDC835/xi, 243p/21cm

初版第1刷────2007年7月10日

編著者─────小野経男（おのつねお）
発行者─────鈴木一行
発行所─────株式会社　大修館書店
　　　　　　　〒101-8466 東京都千代田区神田錦町3-24
　　　　　　　電話　03-3295-6231 販売部／03-3294-2355 編集部
　　　　　　　振替　00190-7-40504
　　　　　　　[出版情報] http://www.taishukan.co.jp

装丁者─────下川雅敏
印刷所─────文唱堂印刷
製本所─────難波製本

ISBN978-4-469-24527-1　Printed in Japan
Ⓡ本書の全部または一部を無断で複写複製（コピー）することは、著作権法上での例外を除き禁じられています。